LA ORACIÓN MÁS
PODEROSA DEL MUNDO

Dedicado a:

_____

Por:

_____

Fecha:

_____

LA ORACIÓN MÁS PODEROSA DEL MUNDO

Para abrir los cielos a mi favor;
y que se abran a favor del que clama, y busca.

Ventura Chiapa García

Número de Control de la Biblioteca del Congreso de EE. UU.: 2015915927
ISBN: Tapa Dura   978-1-5065-0892-4
                Tapa Blanda   978-1-5065-0894-8
                Libro Electrónico   978-1-5065-0893-1

Para realizar pedidos de este libro, contacte con:
Palibrio
1663 Liberty Drive
Suite 200
Bloomington, IN 47403
Gratis desde EE. UU. al 877.407.5847
Gratis desde México al 01.800.288.2243
Gratis desde España al 900.866.949
Desde otro país al +1.812.671.9757
Fax: 01.812.355.1576
ventas@palibrio.com
726117

Índice

Dedicado a:

Dedico esta obra maravillosa, a mi amada esposa. Elvira Magdalena Gabriela Hernández. Y a mis hermosos hijos. Kevin Chiapa Gabriel; y Kimberly Chiapa Gabriel.

Que me han permitido el tiempo necesario, para poder escribir otro libro más. Gracias familia; Muchas gracias. Mi vida se lo debo a ustedes. Les dedico esta obra de todo corazón.

Agradecimientos

En esta ocasión, yo quiero agradecer de una manera muy especial, a mi familia Y a Dios. Por permitirme hace llegar un libro cómo este a tus manos. No es tan fácil; me he llevado noches, días, semanas, meses. Trabajando en esta obra, invirtiendo dinero, buscando personas para que trabajen etc.

Pero he llegado a cumplir mi sueños ¿y cuál era mi sueño? mi sueño era, llevar esta obra, y ponerla en tus manos. Y ahora lo estás leyendo, me alegro por eso y te felicito, por a ver tomado esta decisión. Le quiero también agradecer a mis padres, que de alguna manera me han apoyado a la distancia, y han confiado en mí. Muchas gracias papás. Onofre Chiapa Morente, y Argentina García Pérez. Gracias Papis, los quiero mucho y los amo a la distancia; muchas gracias.

Introducción

Bueno ahora vamos a recordar unas poderosas declaraciones. Que hace más 800 años que ha venido revolucionando no solamente como a nivel religión, sino que también al nivel personal y al nivel mundial. Persona de todo lugar incluso de la mayoría de religiones veneran y respetan este personaje.

Ahora vamos a ver una poderosa oración pero para mí es más que oración, es una declaración poderosa de parte de Dios a través de este ejemplo al prójimo. Estamos hablando de nuestro amigo (Franchesco) o como se empezó a conocer después de su muerte, Francisco o san Francisco de asís. Un joven que se deshizo de la riqueza para convertirse en un pobre hombre ejemplo de la humanidad; un hombre que la humanidad o de la secularidad, tomar su decisión de hacer un cambio en su vida.

Tomó la decisión de hacer el cambio gracias a ese año que paso en la cárcel y de allí le pego una enfermedad y gracias por eso su corazón es transformado de una manera impresionante; que ahora 800 años más tarde la mayoría de persona que tienen alcance a conocerlo. Lo tratan de imitar, porque no solamente cambio su vida si no también hizo un cambio en toda la humanidad con su ejemplo. Empezó después de salir de la cárcel a servir a los leprosos, en el 1,208 gracias a un sermón que escucho. Escucho una vos diciéndole que saliera al mundo y que arreglara su iglesia.

Bueno ahora vera querido(a) lector esta poderosas afirmaciones con esta sencilla oración; vamos a exaltar la grandeza de esta siguiente lectura. Conforme tu vayas leyendo te vas a dar cuenta que voy a ir explicando palabra por palabra, te pido que le pongas mucha atención a cada declaración de esta oración que nuestro amigo nos brinda.

Antes de iniciar esta poderosa oración; ¿porque le llamó poderosa oración? por la sencilla razón de que, a mí me ha cambiado la vida; personalmente hablando, familiarmente hablando mentalmente hablando espiritualmente hablando. Ha transformado completamente mi vida, ha transformado mi existencia. Quiero transmitirte, algo fuera de serie. Les digo a las personas, él porque es importante ser auténtico en la vida, y el serlo; es cuando las empiezan a ir bien. Y eso, es lo que soy yo auténtico, trato de enviar un mensaje auténtico. Un mensaje claro, que lo comprendamos. Vamos a hacer la introducción, como lo es de la oración. Hubo un joven en la época pasada, más o menos, hace 800 años. Que luego vende su riqueza, para darles a los pobres. Después de un sermón que escucha, allí escucha, que una voz le dice, ve a renovar mi iglesia. Desde ahí, él se transforma en un hombre, caritativo que le ayuda a sus hermanos; no le importa lo que los demás digan, incluso no le importa lo que el padre diga. Es más hasta los padres lo botaron de la casa, porque estaba faltando a su deber como hijo.

Y desde ahí, viene esta oración que muchas veces tú la has leído; si no la has leído, te la han leído, si no te la han leído, de alguna manera la has escuchado en algún lugar. Pero no le hemos puesto, tanta atención; cómo le vamos a poner ahora. Antes de empezar con la oración, quiero tocar un versículo de la biblia, a cada punto de la oración, y después de finalizar, hasta el número 14; que es el último párrafo de la oración, para que sea a la luz de la palabra. Entonces iniciaremos con la oración.

Señor, hazme un instrumento de Tu Paz.

Vamos a ver romanos capítulo 6 versículo 13 qué nos dice: no le

entreguen sus miembros, que vendrían a ser como armas perversas al Servicio del pecado. Por el contrario, ofrézcanse ustedes mismos a Dios, Cómo quienes han vuelto de la muerte a la vida, y que sus miembros sean como armas santa al servicio de Dios.

Aquí nos dice; que no echemos nuestros miembros, que son nuestro cuerpo; a la prostitución. Porque al final, de prostituir los miembros de nuestro cuerpo, se convertirán en enemigos, o en armas salvajes que terminarán destruyéndonos. Por esa razón, debemos de vigilar nuestro cuerpo y los miembros de nuestro cuerpo. Que lo vamos a ver después, en esta oración poderosa, cuando la iniciemos.

Mateo capítulo 5 versículo 9; felices los que trabajan por la paz, porque serán reconocidos Como hijos de Dios.

Señor, hazme un instrumento de la paz. Decía Francisco. Y él nos insta también aquí, sin importar religión, color, creencia, tamaño, edad. Sin importar todo ese tipo de cosas. Hay que clamar, día y noche. Señor, hazme un instrumento de tu paz. Que lleve, la paz donde quiera que me mueva, que lleve lo que el mundo necesita.

Donde haya ofensa... que lleve yo el perdón.

Cómo convienen los hermanos en la fe.

Mateo capítulo 18 versículo 15 al 22 dice; si tu hermano ha pecado vete hablar con él a solas para reprochárselo. Si te escucha, has ganado a tu hermano. Si no te escucha, toma contigo una o dos personas más, de modo que él caso se decida por la palabra de dos o tres testigos. Si se niega a escucharlos, informa a la asamblea. Si tampoco escucha a la iglesia, considéralo como un pagano o un publicano.

Yo les digo: todo lo que aten en la tierra, lo mantendrán atado en el cielo, y todo lo que desaten en la tierra, lo mantendrán desatado en el cielo. Asimismo yo les digo: si en la tierra dos de ustedes se ponen de acuerdo para pedir alguna cosa, mi padre celestial se lo concederá. Pues donde están dos o tres reunidos en mi nombre, allí estoy yo en medio de ellos. Entonces Pedro se acercó con esta pregunta: señor ¿Cuántas veces tengo que perdonar las ofensas de mi hermano? ¿Hasta 7

veces? Jesús le contestó: No te digo siete, sino setenta y siete veces.

Aquí, vemos qué perdonar a nuestros hermanos; no es fácil. Pero también tienes la asamblea, los creyentes, a tu lado que te apoyan. Entonces, hay que sacar en cara los trapos sucios, es decir, hay que sacar al sol, los trapos sucios. Pero hay que confiar, plenamente en sí mismo. Es en ti mismo, primeramente, que debes de estar seguro de lo que estás haciendo. Porque, lo que ates en la tierra, quedará atado en el cielo, y lo que desates en la tierra, quedará desatado en el cielo. En otras palabras, a mi punto de vista; el cielo es la mente. Porque todo lo que ates en tu mente, quedará atado en tu mente, y todo lo que desates en tu mente, quedará desatado en tu mente. Decir, si tienes cadenas atadas en tu mente, por consiguiente, esas cadenas poderosas te van a matar a ti, y a tu familia. Si hay cadenas desatadas, tu mente estará libre, de alguna manera; estás libre y reconoces tu libertad en esta tierra, y tu libre albedrío, te aseguro que te liberara para siempre, y vivirás en un cielo desatado; porque has desatado eso que te aparta de tu creador.

Viéndolo de otra forma, cuando atas algo que no te pertenece, después, entregaras cuentas. Pero cuando desatas bendición poder, y decretos bendición sobre los demás;

especialmente sobre tu vida. Los demás te regresarán respeto, amor, confianza, y por supuesto cuando cometes un error, ellos te van a poder perdonar fácilmente, porque tú has confiado en ellos; los as, liberado de las ataduras del demonio. Francisco y tu servidor, te recordamos que donde haya ofensa... que lleves el perdón. Y el perdón es utilizando la conciencia, utilizando la mente, utilizando los razonamiento humanos. Porque recuerda que, no solamente vas a servir por fe, pero también con razonamientos aquí en la tierra.

Donde haya Odio, que lleve yo el amor.

Veamos, que nos dicen las sagradas escrituras, acerca del amor. ¿Cuál es mi propósito, de estar leyendo en este momento este libro? aste esa pregunta ¿cuál es mi propósito, porque lo estoy haciendo, qué debo de aprender, o que tengo que aprender? Encuentra la respuesta por si solo@.

Allá en la carta a los Corintios Pablo se dirige a los Corintios diciéndole lo siguiente 1 Corintios capítulo 13 versículo 1 al 13 dice lo siguiente: aunque hablara todas las lenguas de los hombres y de Los Ángeles, si me falta amor sería como bronce que resuena o campana que retiñe. Aunque tuviera el

don de profecía y descubrir todos los misterios y la ciencia entera, aunque tú viera tanta fe como para trasladar montes, si me falta el amor nada soy. Aunque repartiera todo lo que poseo e incluso sacrificar a mi cuerpo, pero gloriarme, si no tengo amor, de nada me sirve. El amor es paciente y muestra comprensión. El amor no tiene celos, no aparenta ni se infla.

No actúa con bajeza ni busca su propio interés, no se deja llevar por la ira y olvida lo malo. No se alegra de lo injusto, sino que se goza en la verdad. Perdura a pesar de todo, lo cree todo, lo espera todo y lo soporta todo. El amor nunca pasará. Las profecías perderán su razón de ser, callarán las lenguas y ya no servirán el saber más elevado. Porque éste saber queda muy imperfecto, y nuestras profecías también son algo muy limitado; y cuando llegué lo perfecto, lo que es limitado desaparecerá. Cuando era niño, hablaba como niño, pensaba y razonaba como niño. Pero cuando me hice hombre, deje de lado las cosas de niño. Así también en el momento presente vemos las cosas como en un espejo, confusamente, pero entonces

las veremos cara a cara. Ahora conozco en parte, pero entonces conoceré como soy conocido. Ahora, pues, son válidas la fe, la esperanza y el amor; las tres, pero la mayor de estas tres es el amor.

Que mensaje maravilloso es este. Querido lector, lo que estamos viendo, es el poder del amor. Porque el consejo que tenemos acá es, donde hay Odio, que lleve yo el amor. Y aquí nos enseña el poder del amor; todo pasará, excepto el amor. Aquí permanecerá el amor en nuestro corazón, si es que decidimos tenerlo, y decidimos abrir nuestra mente y nuestro ser espiritual; para que ese amor que se llama Dios permanece en nosotros. Más adelante, vas a ver, cómo poner este amor en práctica. En el párrafo que se llama.

Donde haya Odio, que lleve yo el amor. Vas a ver, cómo se lleva acabó el amor, para que el amor pueda trabajar en nuestra vida particular, y en nuestra vida local, y nuestra vida social, y en nuestra vida alrededor de dónde nos movemos. Ahí te vas a dar cuenta, que profundizaremos más al respecto.

Donde haya discordia... que lleve yo la Unión.

Ahora vamos a ver, la unión. La discordia la veremos más tarde. La unión, es súper importante saberla y conocerla. Pero ahora, vamos a irnos como siempre; a las sagradas escrituras. A ver qué nos dice, la Biblia al respecto de la unión. Porque el propósito tuyo y mío, debe de ser; ser unión o mejor dicho, ser Unidos unos a otros. Pablo no sigue aconsejando en este momento, en esta hora, en este día. Él nos sigue aconsejando en.

Efesios 4 versículos 13 Pablo nos dice: hasta que todos alcancemos la unidad en la fe y el conocimiento del hijo de Dios y lleguemos a ser el hombre perfecto, con esa madurez que no es otra cosa que la plenitud de Cristo.

Hasta que alcancemos la unidad en nuestro ser interior, que es Cristo nuestro ser interior. Para yo ser, donde haya discordia… que lleve yo el amor. Debe despertar el Cristo que hay dentro de mí; ese Cristo que está dormido, ese Cristo que, ha cambiado de alguna manera mi vida, porque yo he querido que la cambie. Si estás sufriendo, por decirlo de alguna manera, es porque tú has querido que tú Cristo tenga esa forma. Y si te está yendo bien, has querido que tú Cristo te lleve de esa forma, tú has decidido dar el paso es decir, has querido que te mantenga como estas en este momento. Pero más adelante, en el renglón del a donde haya discordia… que lleve yo la unidad. En este párrafo, vamos a detenernos, y voy a explicar más temas, a través de este libro; Cómo puedo ser yo más unidad que antes. Si antes fui división, ahora tengo que ser unidad. Así que te recomiendo que permanezcas acá, es más estamos empezando, no hemos llegado donde tenemos que llegar. Pero ya vamos llegando, a lo que verdaderamente tú vas a encontrar, la clave para mejorar tu vida, la vas a encontrar en este libro. Yo sé que está aquí, si es que así tú lo quieres, y el espíritu te guía, tú lo vas a recibir y lo vas a tener, el espíritu debe de estar contigo, debes de tenerlo ahí, especialmente el espíritu de la unidad. Ya hemos visto el espíritu del instrumento, el espíritu del perdón, el espíritu del amor, el espíritu de la unión. De hecho ahorita lo estuvimos viendo, y más adelante lo seguiremos aprendiendo de él.

Donde haya duda... que lleve yo la fe.

Mi trabajo es llevar la fe, dónde está la duda, en el mundo, la vida, la familia, los estudios han metido la duda, pero aquí estoy yo para llevar yo la fe. Veamos qué dice Pablo. Él nos sigue guiando, a través de sus cartas. Pablo aconsejándonos a través de sus cartas.

Hebreos capítulo 11 versículo 1 no dice:
La fe es aferrarse a lo que se espera, es

la certeza de cosas que no se pueden ver.

Como ves, la fe es aferrarse a lo que se espera, es la certeza de cosas que no se pueden ver. en otras palabras, parra fraseando un poquito el versículo, podríamos decir, que la fe, es creer aquello que no se ve, confiar en aquello que no se ve, tocar aquello que no se toca, ver aquello que no se ve, tener aquello que para mi mente es imposible y creer que ya lo tengo. La fe, es tan poderosa como un río que se sale, y se lleva todo lo que encuentra a su paso. La fe, es tan poderosa, es como cuando le prendes fuego a una montaña, lo que hace el fuego devora y se lleva todo lo que encuentra a su paso, no deja nada todo lo convierte en llamas. El agua no deja nada, todo lo convierte en agua. Así es definitivamente la fe, es tan poderosa que solo tú, debes de saber el poder que hay en ti. En el renglón del donde haya duda... que lleve yo la fe. Te explicaré un poquito más, acerca de mi experiencia, y acerca de qué es la fe, y cuál es lo verdadero de la fe.

Donde haya error... que lleve yo la verdad.

Donde hay error... que lleve yo la verdad. Donde todo mundo meta la pata... sea yo la persona que lleve la verdad, o la realidad a esas personas. Vamos a ver, que nos siguen diciendo, las sagradas escrituras: acerca de la verdad. Porque debemos de tener las sagradas escrituras, como guía y como luz. Como dice el salmista; lámpara es tu palabra mis pies. Es decir, si no llevas una lámpara en tus pies te vas a caer. Él dice, una lámpara a mis pies. Porque antes no tenían luz, lo único que tenían, era un pequeño candil, que alumbraba sólo donde caminaban. Por esa razón él dice, lámpara es tu palabra a mis pies señor.

Veamos, a Juan el evangelista en el capítulo 8 versículo 31 al 38 Jesús decía a los judíos que habían creído en él: ustedes serán verdaderos discípulos míos si perseveran en mi palabra; entonces conocerán la verdad, y la verdad los hará libres. Le respondieron: somos descendientes de Abraham y nunca hemos sido esclavo de nadie. ¿Porque dices: ustedes serán libres? Jesús les contestó: en verdad en verdad les digo: el que vive en el pecado es esclavo del pecado. Pero el esclavo no se quedará en la casa para siempre; el hijo, en cambio, permanece para siempre.

Por tanto, si el hijo los hace libres, ustedes serán realmente libres. Yo

sé que ustedes son descendientes de Abraham, pero mi palabra no tiene acogida en ustedes, y por eso tratan de matarme. Yo hablo de lo que he visto junto a mi padre, y ustedes hacen lo que han aprendido de su padre.

Cómo nos damos cuenta; la verdad es cosa de hombres, la verdad es mantenerse en un sendero libre del pecado. Porque el que es pecador es decir, el que se la pasa cometiendo pecados, o errores en su vida. ¿Aunque esté lastimando a los suyos, no se da cuenta? Claro que se da cuenta de lo que está haciendo, pero de alguna manera no le pone importancia. Esa persona, está siendo esclavo del pecado, su amo, es el pecado y al final, él va tener que servirle al pecado; y la verdad no va a tener acogida en él. La verdad, no va a tener acogida en esa persona, porque debe de liberarse de la esclavitud. Debe de liberarse, de esa esclavitud maligna que viene lastimando y apartando a toda la familia de la verdad. Por esa razón, debemos de aprender acerca de la verdad. Más adelante en el renglón de donde haya error... que lleve yo la verdad. Te explicaré un poquito más, acerca del error y acerca de la verdad. Este es mi propósito, de poder aclarar esta santa oración, para que tú y yo nos acerquemos más, no, al reino de los cielos invisible; sino que al reino de los cielos visible.

Qué el reino de los cielos eres tú y yo. Ni más ni menos tú y yo, somos el reino de los cielos. Así que, no trates de buscar el reino de los cielos en otro lugar, porque no lo vas a encontrar; el reino de los cielos está dentro de ti, y ahí debes de buscar los tesoros que el grande, el gran yo soy, el todopoderoso tiene preparados para ti; está ahí dentro de tu corazón, es cuestión que tú te levantes y empieces a discernir la verdad que hay ahí. El amor, el instrumento de la paz. Ser el instrumento del padre y del Hijo, y del Espíritu Santo. Si no eres trinitario, lo siento mucho, pero si eres trinitario, pues bueno está bien. Y si no lo eres, bienvenido Igual eres parte de la familia.

Donde haya desesperación... que lleve yo la alegría.

Qué lindo ¿no? poderoso este tema. Donde haya desesperación... que lleve yo la alegría. Es decir, donde hay tristeza llevar la felicidad. Vamos a ver qué nos aconseja la sagrada escritura; haya en el Antiguo Testamento.

Proverbios capítulo 15 versículo 13: Corazón contento, rostro radiante; corazón triste, espíritu abatido.

Cómo ves, cuando el corazón está contento, tu rostro mostrará la alegría, de tu corazón. Pero cuando tu corazón está triste, tu rostro también revelará lo que hay en tu corazón. En otras palabras, Jesús dijo, lo que está profundo, o lo que está oculto tarde o temprano salera a la luz. Porque no se pone una Candela, o no se prende una candela, para ponerla debajo de la cama. Sino que se prende, para ponerla sobre la cama, y no para tenerlo debajo de la cama o debajo de la mesa. De alguna manera pues, ser alegres y llevar esa alegría en nuestro corazón. Primeramente, mostrar la luz que hay en nuestro corazón; y luego, que los demás vean la luz de la alegría, que se encuentra en el corazón. Yo le llamo, el espíritu de la alegría. Qué bonito, envenenarme con ese espíritu de la alegría, para que todo el tiempo pase con ese espíritu de la alegría, y alegre a los demás.

Donde haya tinieblas... que lleve yo la luz.

Donde haya tinieblas... que lleve yo la luz. Esa luz poderosa, que vas a verla en el párrafo de la luz. La luz poderosa que nada ni nadie puede apagar, porque es tan poderosa, que ni siquiera los ángeles del cielo van a poder con esa luz; que tienes dentro de ti. Ahora seguimos recibiendo los consejos de Pablo a Los Efesios. él nos sigue aconsejando en esta hora.

Efesios capítulo 5 versículo 1 al 4: Como hijos amadísimos de Dios, esfuércense por imitarlo. Siguen el camino del amor, a ejemplo de Cristo, que nos amó y se entregó por nosotros, como esas ofrendas y victimas cuyo olor agradable subía a Dios. Y ya que son santos, que la fornicación o cualquier clase de impureza o de codicia ni siquiera se mencionen entre ustedes. Lo mismo se diga de las palabras vergonzosas, de los disparates y tonterías. Nada de todo eso les conviene, sino más bien dar gracias a Dios.

Aquí, Pablo nos está aconsejando de los enemigos de la fe, ¿cuáles son los enemigos de la fe? son aquellos que quieren matar esa fe, que tenemos, esa fe que tú y yo queremos conseguir y mejorar día tras día. Para ser luz, debemos de mejorar nuestra forma de pensar, y después, nuestro vocabulario, después, nuestra forma de caminar, y cómo comportarnos con los demás.

Porque ser luz, no simple y sencillamente quiero serlo y nada más no, claro que no. hay que tomar conciencia de lo más profundo de nuestro corazón, para poder ser diferentes, y marcar la diferencia con los demás, hacia los demás, y para los demás. De alguna manera especial, para nosotros mismos y el cambio personal; para que gocemos de nuestra cosecha qué es, lo que tú decides cosechar o sembrar a la misma vez.

Oh maestro hacer que no busque tanto ser consolado, sino consolar.

Qué bonito ¿no? no buscar el consuelo de los demás, sino más bien consolar a los demás. Ser parte de la consolación de los demás, en vez de esperar que te consuelen a ti, tú vas a consolar a los demás. Veamos qué dicen las sagradas escrituras al respecto.

Juan 14:26 en adelante el espíritu santo, el intérprete que el padre les va a enviar en mi nombre, les enseñará todas las cosas y les recordar todo lo que yo les he dicho.

Él espíritu santo, es el que te va a recordar, lo que has leído, y lo que has visto, y lo que has grabado en tu mente. Te pregunto, ¿qué es lo que estás viendo, qué es lo que estás escuchando, qué es lo que estás leyendo? si todo lo que estás leyendo, viendo, o escuchando, no concuerda con tu naturaleza. Entonces, es hora de poder consolar a los demás, con tu consuelo. Reconocer primeramente tu naturaleza, y quien realmente eres; a través de la meditación y a través de reconocer quién eres. Antes de consolar a los demás, hay que consolarse uno mismo. Profundizaremos en el pasaje que dice Oh maestro hacer que yo no busque tanto ser consolado, sino consolar. Ahí, te explico un poco más; más profundo acerca de lo que vamos a aprender de esta poderosa oración. Ahora es sólo una introducción, no hemos llegado todavía, no te emociones tanto.

Oh maestro hacer que yo no busque tanto ser comprendido, sino comprender.

Ahora, veamos la comprensión, el comprender a los demás. ¿Cómo es posible que primeramente, tengo que comprender a los demás y no ellos a mí? Pues claro que es posible, simple y sencillamente tienes que poner de tu parte, si quieres que los demás te comprendan; debes de comprenderlos primero a ellos. Si quieres que los demás te escuchen, debes de escúchalo primero a ellos. Si quieres que los demás te alaben, tienes que alabarlos primero a ellos. Si quieres que los demás te aplaudan, tienes que aplaudirlos tú primero a ellos. Porque así como das, así recibes. Veamos cuál es el consejo que nos da la sagrada escritura: Ahora nos va a aconsejar, Mateo el evangelista.

Mateo capítulo 7 versículo 1 al 6; No juzguen a los demás y no serán

juzgados ustedes. Porque de la misma manera que ustedes juzguen, así serán juzgados, y la misma medida que ustedes usen para los demás, serán usado para ustedes. ¿Qué pasa? ves la pelusa en el ojo de tu hermano, ¿y no te das cuenta del tronco que hay en el tuyo? ¿y dices a tu hermano: Déjame sacarte esa pelusa del ojo, teniendo tu un tronco en el tuyo? Hipócrita, saca primero el tronco que tienes en tu ojo y así verás mejor para sacar la pelusa del ojo de tu hermano. No den lo que es santo a los perros, ni eches sus perlas a los cerdos, pues podrían pisotearlas y después se volverían contra ustedes para destrozarlos.

Te das cuenta que, comprender a los demás conlleva todo esto que hemos leído en las sagradas escrituras. Si quieres, te recomiendo que lo vuelvas a leer una vez más. Porque lo que tú siembras cosecharás; dirá Pablo, haya en Gálatas 6: 7 nadie engaña a Dios, cada uno recoge lo que siembra, o cada uno segará lo que siembra. Por esa razón, de ahora en adelante, debes de tener mucho cuidado, que es lo que piensas, para que lo piensas, como lo piensas, cuál es tu intención hacia quién; para quién, y cómo, y cuándo eh. Porque vas a tener una recompensa tremenda, sea buena o sea mala; pero vas a tener una buena recompensa y buen fruto. Así que, trata a los demás como ellos se merecen o quieren ser tratados. Más adelante profundizaremos más en este tema, cuando vayamos en él párrafo maestro haced que yo no busque tanto ser comprendido, sino comprender. Ahí te explicaré más al respecto.

Oh maestro hacer que yo no busque tanto ser amado, sino amar.

¿Qué debo de aprender yo, cuál es el consejo, que me da la sagrada escritura; acerca de amar bien? Bien. Vamos a ver qué nos dicen la sagrada escritura. Recuerda, que solamente es una introducción, lo verdadero viene enseguida. Por eso te digo, que esté poder de la oración que mueva tus montañas, que mueva los cielos a tu favor, si es que así tú lo quieres y así lo deseas.

Veamos qué nos dice Juan; es decir, 1 Juan capítulo 4 versículo 7 al 21 queridos míos, amémonos unos a otros, porque el amor viene de Dios. Todo el que ama ha nacido de Dios y conoce a Dios. El que no ama no ha conocido a Dios, pues Dios es amor. Miren Cómo se manifestó el amor de Dios entre nosotros: Dios envío a su hijo único a este mundo para

que tengamos vida por medio de él. En esto está el amor: no es que nosotros hayamos amado a Dios, sino que él nos amó primero y envío a su hijo como víctima por nuestros pecados. Queridos, si Dios nos amó de esta manera, también nosotros debemos amarnos mutuamente. A Dios no lo ha visto nadie jamás; pero si nos amamos unos a otros, Dios está entre nosotros y su amor ha llegado a su plenitud en nosotros.

Y ¿cómo sabemos que permanecemos en Dios y en él nosotros? Porque nos ha comunicado su espíritu. Pero también hemos visto nosotros y declaráramos que el padre envío a su hijo como salvador del mundo. Quién confiesa que Jesús es el hijo de Dios, Dios permanece en él y él en Dios. Por nuestra parte, hemos conocido el amor que Dios nos tiene, y hemos creído en él. Dios es amor: y el que permanece en el amor permanece en Dios y Dios en él. Cuando el amor alcanza en nosotros su perfección, miramos con confianza al día del juicio, porque ya somos en este mundo cómo es él. En el amor no hay temor. El amor perfecto echa fuera el temor, pues hay temor donde hay castigo. Quien teme no conoce el amor perfecto.

Amemos, pues, ya que él nos amó primero. Si uno dice Yo amo a Dios, y odio hacia odia a su hermano, es un mentiroso. Si no ama a su hermano, a quien ve, no puede amar a Dios, a quien no ve. Pues este es el mandamiento que recibimos de él: el que ama a Dios, amé también a su hermano.

Por qué es dando que se recibe.

Aprenderás más adelante acerca del dar, cuál es el poder del dar, el poder de comunicar, el poder de compartir, el poder de regalar; el poder de Dios, el poder de dar limosna. Ese es un gran poder, y ahora lo vamos a ver a la luz de la palabra. Porque es dando que se recibe. No es recibir y después dar, sino que es dando que se recibe. Así que, no abras los brazos para recibir, sino que abre los brazos para dar. Ahora vamos qué nos dice el evangelista Mateo.

El evangelista Mateo, en el capítulo 5 versículo 7; Felices los compasivos, porque obtendrán misericordia.

Cuando es comprensivo, y compasivo con los demás; eso es lo que la vida te devolverá. Más adelante verás, cómo es que la vida te devolverá lo que tú das, o no das, lo que recibes o no recibes. Como lo observarás, en él párrafo de Por qué es dando que se recibe.

Perdonando, que se es perdonado.

Ahora, llegamos en el momento de perdonar para ser perdonados. ¿Cómo es posible que primero deba de perdonar, para qué me perdonen? Por supuesto que así es, lo creas o no. vamos a ver, que nos dicen las sagradas escrituras.

El evangelista Lucas, capítulo 17 versículo 3 al 4; cuídense ustedes mismos. Si tu hermano te ofende, repréndelo; y si se arrepiente, perdónalo. Si te ofende siete veces al día y otras tantas vuelve arrepentido y te dice: "Lo siento" Perdóname.

Si vuelve arrepentido después de haberte ofendido, tantas veces, le dirías; ridículo vete al carajo, me la hiciste una vez, me la vas a volver a ser. Eso es lo que tenemos nosotros los humanos, de que me la izo, y me la va a volver a ser. Dicen por ahí, el perro que come huevo, no se le quita la maña; aunque le eche chile en la trompa, no se le quita la maña. Me la hiso una vez, y me la va a volver a ser. Pero, realmente lo que nos recomienda, aquí el consejo que nos da el señor y el consejo que te doy yo también es, que perdones. Si te lo van a volver a hacer, vuelve a perdonar; si te lo van a volver a ser, vuelve a perdonarlo. Ese es tu trabajo, eso es lo que te va a ser más hombre, más mujer día tras día. Eso es lo que te va a hacer crecer como individuo en esta sociedad.

Y muriendo, que se resucita a la vida eterna.

Ahora, tenemos que morir para resucitar; es decir, tiene que morir lo viejo. Tenemos que hacer morir lo viejo, para ser nuevas personas. Para convertirnos en nuevos individuos, caminando en esta sociedad; tenemos que morir es decir, debe de morir lo viejo, la forma de pensar, la forma de actuar, la forma de comportarnos, la forma de dirigirnos a los demás, tiene que ser diferente. Ahora, debe de morir porque, si no muere, alguien va a tener que morir, si no es eso; vas a tener que morir tú, espiritualmente hablando. Vas a vivir una vida triste, por no hacer morir esa basura, esos vicios, eso que tienes que te arrastra, y te lleva a la perdición; así cómo estás en este momento. Si cambias de rumbo, si cambia de decisión, posiblemente cambiarás tu vida y serás más feliz de lo que estas.

Veamos, que nos dicen las sagradas escrituras. Pablo nos aconseja ahora.

2 Corintios, capítulo 5 versículo 17. Toda persona que está en Cristo es una creación nueva. Lo antiguo ha pasado, lo nuevo allegado.

El consejo que nos da, nos habla tan claro, que no tengo que explicar tanto. Toda persona que está en cristo es una creación nueva. Lo antigua ha pasado, lo nuevo ha llegado a cambiar y transformar tu vida, como hombre, como mujer, como creyente, como individuo, como ateo. O cómo quieras que te llames. Ha venido esa vida que debe de cambiar tu antiguo vocabulario, las tradiciones viejas, las creencias viejas, las culturas viejas. No estoy diciendo que todo es malo, lo que digo es que, lo incorrecto te lleva a la perdición, no solamente a ti, sino también a los tuyos. Por esa razón, hay que morir ahora, porque cuando uno muere es cuando nace. Tú eres igual que la mariposa, primero es un huevito, después un gusano feo, después de ese gusano feo, va el procedimiento y se convierte en una mariposa hermosa; que ahora la tienen en exhibición en los jardines, para que todo mundo la miré, por qué es una mariposa hermosa. ¿Pero después qué va a pasar se morirá? Pues claro. Pero antes era un gusano feo, que nadie lo quería ver, si lo miraba hacían, auge que horrible; hora, es una mariposa hermosa.

Así eres tú en este momento, eres el huevito, tal vez eres un gusano, pero ya te convertirás en una mariposa.

Finalizando este libro, te convertirás en una mariposa completamente lista para alzar sus alas e ir alegrar y hacer feliz a los seres humanos con tu belleza, con tus alas hermosas. Entonces para poder vivir, hay que morir. Te explico más al respecto y profundamente en él la enseñanza, o en el lema muriendo que se resucita a la vida eterna. Así que tu vida cambiará de una manera especial. Así que gracias por ser parte de mi vida, gracias por decir que sí se puede en la vida, y sí se puede porque sí se puede.

- ❖ *Oh señor, hazme un instrumento de tu paz.*
- ❖ *Donde haya, odio, que lleve yo el amor.*
- ❖ *Donde haya, ofensa, que lleve yo el perdón.*
- ❖ *Donde haya, discordia, que lleve yo la unión.*
- ❖ *Donde haya, duda, que lleve yo la fe.*
- ❖ *Donde haya, error, que lleve yo la verdad.*
- ❖ *Donde haya, desesperación, que lleve yo la alegría.*
- ❖ *Donde haya, tinieblas, que lleve yo la luz.*

❖ *Oh, maestro, haced que yo no busque tanto ser consolado, sino consolar.*

❖ *Ser comprendido, sino comprender. Ser amado, sino amar.*

❖ *Porque es dando, que se Recibe. Perdonando, que se es perdonado.*

❖ *Muriendo, que se Resucita a la vida eterna.*

Explicare cada párrafo de esta poderosa oración, porque por lo que veo esconde un gran tesoro que lo hemos descuidado, una gran verdad descubriremos aquí. Te aseguro que si eres creyente, ateo. Te aseguro que no negaras esta gran verdad, que en este momento leerás por mi puño y letra. Porque yo creo y tú no me vas a dejar mentir que en nuestras vidas tiene que a ver un cambio, para bien, o para mal. Pero en mis escritos y charlas de motivación solamente te insto a un cambio, o hacer el cambio, para bien tuyo y a tus semejantes.

Oh, señor hazme un instrumento de tu paz.

Cuando hablamos de ser instrumentos de algo, estamos hablando de solo llevar, ser utilizados. Llevas, traes, entregas, etc. Pero en este caso está hablando algo de más poderoso, no solamente ser un instrumento sino algo más. Según el diccionario de la Real academia española dice: "Instrumento, conjunto de diversas piezas combinadas adecuadamente que sirvan con determinado objeto en el ejercicio del arte y del oficio."

Como te has dado cuenta aquí el diccionario solo está hablando de puro físico, puro materialismo. ¿Pero aquí solo está hablando en la oración de lo físico? Claro que no. Aquí trae doble sentido. Numero uno estar dispuesto a llevar. Y numero dos ser capaz de mantener eso, o ese cargamento consigo mismo, para seguir transmitiéndolo el ser instrumento, es estar dispuesto de llevar la carga un poco más. Es estar dispuesto de correr la milla extra. No estoy diciendo que lo haga, estoy diciendo con el solo hecho de estar dispuesto. El maestro agregó algo así como, si alguien te obliga a llevarle la carga, llévasela al doble más lejos Mateo 5:41. Como te das cuenta, es el estar listos. y el agregó y les dijo eso, solo por la sencilla razón que antes, habría que llevarles la carga a los centuriones, armamentos, y vestimenta, y muy pocos lo hacían de buena gana, incluso algunos eran asesinados porque no querían obedecer.

Por eso el maestro les agregó eso, y les dijo literalmente, sean valientes, no se rajen llévenla más lejos. Déjame te digo mi amigo, el éxito no está en lo que normalmente haces todos los días, el éxito está en lo extra en lo que tú haces y te entregas con pasión, con la fuerza, la actitud, que un ganador debe de tener. Quiero decirte que el ser instrumento de la paz, no es nada fácil, es difícil si pero nunca imposible. La palabra imposible solo está en el diccionario de los mediocres y yo sé que tú no eres uno de ellos, ¿o si cómo puedo yo ser instrumento de la paz? muy fácil, mira aquí dice ser yo el instrumento de la paz, no dice, que me den la paz, sino que yo serlo ¿y cómo lo seré? primeramente tienes que estar seguro de quien tu eres y que es lo que tienes en tu casa, segundo tener consciencia de la paz que habita en ti. El hecho que tú andes atormentado (a), o desesperado (a), eso no quiere decir que la paz no está en ti. La paz permanece en ti, pero lo que ha sucedido es que tú la has aislado, la as echo a un lado, por cosas pasajeras, como el vicio, el amor al dinero, la riqueza, la fama, la lujuria, la avaricia, el odio, etc. Pero de ahora en adelante compromete de no esperar la paz, sino tu convertirte en paz. Tu ser es la respuesta de la paz para los demás. ¿Cómo puedo llevar la paz al mundo? Bueno empezando contigo. Si dentro de ti hay una guerra, la puedas identificar o no, es guerra es guerra.

Si no puedes conseguir la paz en lo que haces, lo que te recomiendo es, que te tomes o escojas un tiempo cada día tal vez unos 5 o 10 minutos para encontrar la paz en el enfoque a tu interior. Clama la paz, grita en busca de allá, y búscala con gran devoción y se hará presente. Te doy mi palabra de honor que la encontraras ¿Dónde la encuentro? Déjame te digo que no la vas a encontrar en lo exterior, eso sea dinero, mujeres, hombres, riquezas, posiciones etc. No está allí, lo siento informarte eso que no está allí.

La vas a encontrar nada más y nada menos que dentro de ti, pero tienes que tener una cercana relación contigo mismo. Después de haberla encontrado, ya estarás listo (a) para poder transmitirla. Si en tu matrimonio hay disputas, discordia, malos entendidos, no hay comunicación, y en lo único que se habla es para comer, incluso ni se habla para dormir. Y no hay más comunicación y la paz ha desapareciendo, ahora reina la división. Ahora lo que vas hacer es, si es que quieres ser un instrumento de la paz. Es dejar que el otro se desahogue, mejor dicho lo que debes de hacer es aprender a escuchar a los demás, o a tu conyugue y antes de juzgar ponerse primeramente en los zapatos del otro, y tener las agallas para decirle ¿hay algo que yo puedo hacer para que vuelva la paz a tu vida una vez más? Te prometo que cambiare y haré lo posible para cambiar lo que tenga que cambiar. Pero por favor dime ¿o será que hay algo que yo tenga que arreglar en mí? Y en ese momento te darás cuenta que las cosas empezaran a cambiar de una manera impresionante.

En silencio repite siempre, yo soy paz, yo llevo la paz, todo mi ser es paz, soy un instrumento de la paz. Y si con todo eso en tu familia no hay paz y solo hay discusiones. Bueno es la oportunidad de demostrarles que tú eres la paz. Y la pondrás al servicio de ellos; en ese momento trata de calmar la situación y si no puedes hacerlo, retírate y repite por un momento y habla con Dios dile, mira cómo puedo ser instrumento de tu paz en esta situación, y después vuelves a la discusión y veras que la paz se hará presente. Pero tal vez no es el problema en tu matrimonio, o en tu familia. Tal vez es en tu trabajo, bueno si es allí, hace lo mismo, mira la situación y trata de ser la paz en ese instante. Sino solamente apártate, siempre con calma porque recuerda que tú eres el(a) instrumento de la paz, y no ellos. El que tiene que ser presente la paz, y el sosiego, eres tú y no ellos. Pero tal vez todo está bien con todo esto que has leído, tal vez el problema es con el mundo. Bueno, la pregunta es ¿es con el mundo, o es con migo? Porque al final de todo, lo que miras en los demás que a ti no te agrada, eso es tuyo es tu propio reflejo, y tú no te aceptas tal como te ves, porque los demás son tu espejo para que te mires la cara, todo lo que vez en los demás es tu reflejo, eres tú el que te vez en ellos. Donde hay gritos lleva la paz, donde hay incomprensión lleva la paz etc.

Oh, señor hazme un instrumento de tu paz. Qué palabras tan sabias las que estamos observando ¿porque esta palabra vino inspirado por Dios? supuestamente nos dice nuestro amigo Francisco; el hecho de que tú y yo estemos bajo, este planeta o mejor dicho, bajo el cosmos y sobre la faz de la tierra, vamos a prender y nos vamos a dar cuenta de la vida, qué somos nada más y nada menos que el instrumento; tal vez no el instrumento de la paz, pero el instrumento de muchas cosas ¿qué entiendes tú como instrumento? como instrumento se debe de comprender que en la vida, las cosas toman otro rumbo cuando has pasado la línea es decir: el control, lo has perdido y no te has dado cuenta que eres nada más y nada menos que el instrumento. de una cierta cosa puedes ser el instrumento de lo malo, el instrumento de lo bueno, el instrumento de la paz.

Aquí nos dice que roguemos para que seamos los instrumentos de la paz; te voy a poner unas pequeñas comparaciones físicamente para qué comprendamos qué es un instrumento, por ejemplo: tenemos la madre en especial, la mamá es sólo un instrumento, da a luz un niño, le da la vida y la salud mientras que está criatura está caminando, creciendo, conociendo dentro del bien y el mal, reconociendo sus padres. Así sucesivamente va ganando años 1 año, 2 años, 3 años, 4 años, 5 años, 6 años, 7 años, así sucesivamente hasta llegar a los 18, o 21 años; después de ahí ya la madre ya no tiene control sobre éste individuo. Fue instrumento para darle la vida, para darle el crecer, el vivir, el reconocimiento de la vida, al final la mamá se queda como nació, nace sin ropa y se va sin ropa mejor dicho, Viene desnuda y se va desnuda. Ha sido el instrumento del ser tan importante, como lo es su hijo, o su hija. Llega el momento que ella o él se van de la casa, se alejan del hogar Por qué van hacer su vida él, o ella; consigue su pareja dónde van a compartir los buenos momentos y los malos momentos, los momentos alegres y los momentos tristes, dónde van a tener que llorar juntos, dónde van a tener que sufrir juntos, dónde van a tener que comprenderse en los momentos de dificultad, y dónde van a tener que adaptarse en el ambiente. Van a tener que adaptarse al diferente temperamento del uno al otro. Pero de lo que estamos hablando es que ya la madre, o el padre ya no tienen control de esta criatura, fue simple y sencillamente, el instrumento nada más.

Pasando a otro ejemplo: la botella es un instrumento, agarras una botella, te tomas el agua o la soda, o la gaseosa, o sea el juzgó, sea lo que tenga esa botella; te la tomas y la deshaces. Esa botella te hizo el gran favor de traerte la bebida en tus manos, es obvio que la tuviste que ir a buscarla.

pero si no hubiera sido gracias a la botella tú no tuvieras esa bebida en tus manos asido un instrumento tú no necesitas la botella. ¿Para qué quieres la botella? es una tontería, porque lo que realmente necesitas, y anhelas es lo que está adentro de la botella te tomas lo que está adentro y la terminas poniendo a la basura. Obviamente porque no la necesitas, fue un instrumento para traerte la vida, acercarte la vida a ti, para darte la vida a través del agua, a través de ella disminuyo tu sed.

Como también los aparatos de música, la guitarra, el piano, la batería, el violín etcétera, etcétera. Todos es son un instrumento su palabra lo dice; sin que haiga una persona que los pueda tocar, no van a dar sonido. Porque el propósito de los instrumentos es el dar vida a través de la música, también tiene que haber alguien que pueda desarrollar esa habilidad, y poder convertirse en la persona qué puede alegrar a la gente con la música. Pero los instrumentos están completos, las cuerdas de la guitarra están completas, la batería está completa. Para ser instrumento en la vida; hay que estar completo y luego te explicaré, porque ¿ves también la casa? es un instrumento, es para tenerte y cubrirte ese pedazo de cosa que está sobre de ti. La vaca es un instrumento da crías, te da leche para tomar.

Lo otro bien bonito que me gustaría tocar son los tubos, las paipas se le llama en los estados unidos. Donde corre el agua, dónde va llegando el agua a cada casa, a cada hogar; gracias a la Paipa, gracias al tubo tienen agua en su hogar, el tubo que está siendo, o siendo simple y sencillamente un instrumento para que el agua pueda llegar a tu hogar; gracias a esa Paipa, o a ese tubo, tú tienes agua para lavar tus trastes, tus frutas, bañarte, cepillarte los dientes, lavar tu ropa etcétera, etcétera. Si no hubiera un tubo te garantizo que no tuvieras agua, gracias a ese tubo que está siendo un instrumento para poder salvarte la vida.

Otro ejemplo. Agarras un vaso qué se sirve el agua, el café y el té, pero igual dejaste el vaso ahí pero bebes lo que necesitas beber; tiene que pasar a través de ese vaso que es el instrumento y es indispensable tener el vaso, porque sin él no podemos digerir lo que queremos, ni podemos usar lo que queremos porque necesitamos un instrumento.

El individuo, en la sociedad también es un instrumento, a esto es lo que quería llegar y quiero llegar. Porque el mensaje que nos envía esta poderosa oración es el instrumento de la paz, específicamente nos está diciendo que seamos instrumentos de la paz por supuesto que ¿hay que rogar y orar a quién a Dios? Posiblemente estarás de acuerdo. Bueno, tengo que rogarle a Dios para que me haga instrumento de tu paz ¿Pero qué pasaría si le ruegas le ruegas a Dios y no pasa nada en ti? le clamas y las cosas no cambian, posiblemente sí, cambiarían puede depender de lo que estés dispuesto a ser, o dispuesta a hacer tu. Todo depende de lo que quieras hacer en la vida, tú decides mi amigo y mi amiga, tú decides de qué cosa quieres ser instrumento en la vida. Muchas personas han querido ser instrumentos de lo negativo, o qué elimina al hombre de la sociedad. Muchos han sido instrumentos del cigarrillo, del alcohol, de las drogas, de las maras, instrumentos para que otra persona empezará a fumar. Le ofrecieron el primer cigarrillo, la primera copa, el primer cigarro de marihuana, o coca, que se yo, de qué tipo de cosas se envenenan; pero fue un instrumento por la cual ha llegado esta persona a conversar a través de esta otra persona que lo está llevando en malos pasos, pareciera que fueran malos pasos, pero le preguntas a estas personas; tú vas en mal camino mi amigo ¿podrías devolverte al camino normal? te garantizo te doy mi palabra que te van a decir, y a ti qué te importa, no es tu vida... impórtate de ti, interésate de tu vida, tú quién eres para darme un consejo, lárgate y vete con tus cuentos a otro lugar porque aquí no eres bienvenido... se te ponen al brinco, les estás dando nomás un conejo y se ponen al brinco ¿Sabes por qué?. por la sencilla razón de que ellos creen que están bien, dicen que están haciendo lo correcto, porque alguien les ha hecho el gran favor de meterlos donde están en este momento:

Mi querido lector. Es verdad que Dios nos ha creado con el libre albedrío, es verdad estoy de acuerdo contigo y estoy de acuerdo con Dios, estoy de acuerdo con todo aquel y aquella que está gritando alrededor del mundo... diciendo que somos libres pero la pregunta es ¿cómo utilizar tu libertad? La libertad se vive a través de ser instrumento de la paz, porque si no hay paz en tu vida mi amigo no hay felicidad. Puede ser instrumento de algo dañino ni intentes y quieras engañar a otras personas, porque los demás se la van a creer, que es cierto pero tú vas a quedar el ridículo. ahora en adelante decide ser el instrumento de la paz... no tienes que hablar para hacerlo, no tienes que ponerse una corbata, o un traje, no debes de tener máscaras para poder engañar a otros, tampoco tienes que usar un traje hermoso, o comprarte una casa más grande, o un auto nuevo, o un caballo, unos animales mejores. No.

Para ser instrumento de la paz; no tienes que hacer todo ese tipo de cosas. Incluso no es necesario que hables instrumento de la paz, solamente tienes que estar dispuesto, o dispuesta para qué la vida de los demás cambien de manera especial. Cambiar la tuya, cambiar tu mentalidad es lo primero. Mi consejo que te doy es, ser instrumento de lo bueno, el instrumento de la confianza, instrumento del gozo a la otra persona, instrumento de la transformación hacia otra persona, instrumento de la liberación de otra persona, el instrumento de vida para otra persona; aquella persona que ha perdido el aliento de vida, ha perdido la confianza en sí misma. ahora ser tú el instrumento esa vida, y decirle que hay cosas más grandes que vienen en la vida, que no se achicopalé, ni se dé por vencido, porque la vida apenas empieza cuando hablas tú de esta manera. Estas siendo instrumento de algo bueno, y estás motivando a otro sin querer queriendo, te estas guiando a lo verdadero; instrumento en la vida no lo hace cualquiera, solamente el que está dispuesto, o dispuesta hacerlo; exactamente igual que tú, que estás leyendo este libro en este momento.

Posiblemente estás en una iglesia, oras por lo demás, oras por tu pastor, por tu líder, por tu hermano, por tu hermana, colaboras en tu congregación y piensas que con eso que haces estás agradando al creador. Porque eso es lo que te han venido diciendo que cuando tú eres instrumento de la paz, a través del servicio entonces agradas a tu Dios. Lo que te quiero decir en este momento es que, no es porque lo que estás haciendo tu creador se agradara contigo, sino que lo que vas a hacer es agradar a otras personas. Les das vida y esperanza a otras personas que no la tienen. Talvez eres pastor y el instrumento es dar un mensaje fresco, pero no te aproveches de eso, no abuses, no confundas a las personas, estudia aprende, cambia tu forma de ver las cosas, recuerda que estamos en el siglo

21 no estamos en el siglo pasado, estamos viviendo en esta era moderna y hay que hacer el cambio para que las personas tengan un cambio.

Si eres un sacerdote, eres un diácono, un religioso, sí lo eres a la cual te felicito, porque es lo mejor que estás haciendo, pero no abuses de eso ni critiques que tú eres el mejor que los demás, o que sabes más que los demás; Claro que no, no te aproveches de eso, al contrario. ¿Tú alguna vez fuiste instrumento de lo malo, del engaño, de la mentira, de la infidelidad, del orgullo, del robo? posiblemente tal vez por tu culpa otra persona perdió el trabajo, por tu culpa otra persona perdió la confianza, o la Fe. Posiblemente fuiste el instrumento de que por tu causa una dama perdió su virginidad, por quererte a ti. o por tu causa tu amigo está en las drogas o en la cárcel; o esa mujer en la prostitución. Posiblemente tus hijos están en las maras, porque no pudiste hablar con ellos fuiste el instrumento más salvaje que ellos tuvieron en esta tierra. Te doy mi confianza de que yo también te comprendo lo que ahora sientes, pero claro debes de estar de acuerdo también que hubo un momento que tú no tenías conciencia, o conocimiento de lo que estabas haciendo. Aunque hubieras tenido la necedad, o el deseo, o el apego a las cosas te llevó a convertirte a como estas en este momento.

Pero eso no quiere decir que te vas a quedar ahí. Llegó el momento que puedas despertar en la vida, es decir, ya llegó el momento para que despiertes en la vida, ahora es el momento para reinar en tu vida. En un momento no sabías cómo actuar, y por eso actuaste como actuaste; y por tu causa muchas personas han perdido su inocencia, su confianza, su fe, su alegría, etcétera. Por tu causa. No podemos regresar al pasado, pero podemos pensar, o sembrar una vez más para el futuro. Pero tienes que saber ahora que vas a transmitir y qué vas a hacer fluir a través de ti que eres el instrumento es decir, que dejes fluir el agua, que hay en ti. La vida a través del espíritu y para que los demás también se sientan inspirados de tu habilidad, de tu cambio, de ahora en adelante ser instrumento de la verdad. No me digas eso, no sé cómo hacerlo, lo único que te digo es yo sé que tú puedes, tú puedes hacerlo si yo pude, también tú puedes:

Hablando y pensando acerca del instrumento. Recuerdo que en el 2001 emigre a los estados unidos... claro como saben soy originario de Guatemala, viaje a los estados unidos sin conocer a nadie y sin saber quién, o qué tipo de personas me iba a encontrar en los estados unidos. pero antes de eso yo pues estaba rogándole a mi papá que me dejara venir a los estados unidos, y pues no me dejaban venir porque era el único, que sí me venía la familia se dividía por mi causa, no teníamos familiares en estados unidos, ni primos, ni hermanos, ni hermanas, o primos lejanos nadie. Sólo teníamos un conocido, bueno, conocido de mi padre por supuesto. Mis hermanos me decían que demonios vas a ir hacer a los estados unidos, estás loco porque no te quedas aquí pasamos la vida aquí. Pero a mí me gustaba o me gusta aventurarme en la vida y ver cosas nuevas. Hicimos los trámites para poder viajar a los estados unidos, viaje a los estados unidos y ya cuando tenía más, o menos 6 meses de estar acá, mi hermano mayor empieza a decirme, hey llévame para allá quiero ir allá donde tú estás; y para no cansarte desde ahí, empezó a venir mi hermano y mi otro hermano, mi primo, otro mi primo, mi tío, otro mi tío y mis cuñados, y así sucesivamente se vinieron la mayoría de personas a estados unidos.

Lo que intento decirte es que, gracias a que abrí el camino fui el medio para que ellos vinieran, fui la bendición para unos; pero para otros dicen que fui la maldición porque por la culpa mía el hombre se ha venido y se ha juntado con otra mujer en los Estados Unidos y han dejado a sus mujeres en Guatemala:

Pero bueno. Fuera de eso fui el instrumento para que ellos pudieran viajar y tener la oportunidad de su vida, como la tuve yo. Fui el medio local para que ellos pudieran llegar a los estados unidos, fui el canal donde el agua pasó y pudo llegar a su destino como lo fue estados unidos. Ahora te pregunto. ¿Qué tipo de instrumento has sido tú? ¿Qué has transmitido? ¿Qué has hecho, que ahora te arrepientes? Déjame te digo que sí has sido instrumento para bien, o instrumento para mal; ahora es el momento de tomar la decisión de ser instrumento para bien, para vida no para muerte, para salud no para enfermedad. Ser el instrumento es cosa de valientes y te sigo diciendo ese valiente eres tú:

Vamos a dirigir una plegaria a nuestro Dios de paz. Señor, Dios de la paz, Tu que creaste a los hombres para ser herederos de tu gloria. Te bendecimos y agradecemos porque nos enviaste a Jesús, tu hijo muy amado. Tú hiciste de Él, en el misterio de su Pascua, el realizador de nuestra salvación, la fuente de toda paz, el lazo de toda fraternidad. Te agradecemos por los deseos, esfuerzos y realizaciones que tu Espíritu de paz suscitó en nuestros días, para sustituir el odio por el amor, la desconfianza por la comprensión, la indiferencia por la solidaridad. Abre todavía más nuestro espíritu y nuestro corazón para las exigencias

concretas del amor a todos nuestros hermanos, para que seamos, cada vez más, artífices de la PAZ. Acuérdate, oh Padre, de todos los que luchan, sufren y mueren para el nacimiento de un mundo más fraterno. Que para los hombres de todas las razas y lenguas venga tu Reino de justicia, paz y amor. Amen.

2

Donde, haya odio, que lleve yo el amor.

Cuando hablamos del amor, pareciera que muy poco lo comprendiéramos. Esta es una palabra que muy pocos le saben el significado. Hay personas que creen que el amor es solo tener relaciones sexuales, abrazar o besar solamente. Que poco sabemos del AMOR ¿no? ¿Por qué la pongo en mayúscula? Porque esta palabra me ha cambiado la vida. (Amor) Es una energía poderosa, que con amor nadie te vencerá, y nadie te destruirá. Todo acabara y será destruido, pero el amor siempre permanecerá, por los siglos de los siglos. Las sagradas escrituras pone el amor en la cima de la montaña como uno de los mejores tesoros que existe y que muy pocos y que muy pocos lo descubren.

1 corintios 13:4-13. Dicen las sagradas escrituras al respecto del amor. El amor es

paciente, El amor es nuestra comprensión, El amor no tiene celos, El amor no aparenta ni se infla. El amor no actúa con bajeza ni busca su propio interés, El amor no se deja llevar por la ira y olvida lo malo, El amor no se alegra de lo injusto, niño que se goza en la verdad El amor perdura a pesar de todo, El amor lo cree todo, El amor lo espera todo, El amor lo soporta todo El amor nunca pasara. Ahora, pues, son válidas la fe, la esperanza y el amor, las tres pero la mayor de estas tres es el AMOR.

Que poderoso es el amor. Donde dice; donde haya odio, que lleve yo el amor. Está diciendo a mi parecer como escritor, que yo tenga que ser el amor, no que lleve el amor, si no que sea yo el amor, abra la boca o no abra la boca. Donde exista el odio, que yo sea la solución. Que el amor reine en mí. Ahora es el momento de ponerlo en práctica y al servicio de los demás. Porque el simple hecho que diga te amo, eso no quiere decir que allí hay amor. O digas te extraño, eso no quiere decir que allí hay amor. Puede ser que lo que allí hay es solo costumbre, y la costumbre es la que te está confundiendo con el amor, o puede ser que lo que allí hay es vicio. Se han acostumbrado a que en cierto día, o en cierto lugar se vean, y a cierta hora. Pero realmente lo único que hay es un interés propio. Para yo ser instrumento del amor, tengo que ser amor, primero que todo, tengo que hablar con amor, actuar con amor, caminar con amor, tocar con amor, mirar con amor, pensar con amor, trabajar con amor, gastar con amor, pagar con amor, ayudar con amor, escuchar con amor, aconsejar con amor, amar lo que hago, y hacer lo que amo etc. Tengo que empezar a tratar a los de más con amor, tengo que hacerlo para que me traten con amor, en vez de esperar amor de los demás, tengo que empezar a darlo. En vez de decir ámame decir, yo te amo. En vez de decir, no puedo vivir sin tu amor decir, ¿podrás vivir sin mi amor? Porque la persona que dice no puedo vivir sin tu amor, eso quiere decir que para que esta persona sea feliz, necesita que alguien lo ame primero para qué esta persona empiece a amar. Por ejemplo. En los matrimonios; cuando están de novios, o están buscando la pareja de sus sueños, entonces piensan, si yo encuentro la persona que busco como tal fulano(a) hasta entonces seré feliz.

Entonces esa persona me va amar como yo quiero, y como yo guste. La encuentran y luego dicen, yo estoy contigo porque me siento atraído(a) a ti y no puedo vivir sin ti, y yo a tu lado soy feliz, y ahora gocémonos para que seamos felices, y disfrutemos la vida. Pero la persona en su adentro piensa, me casare con tal fulano(a) para ser feliz porque estoy enamorado(a). Y llegan en un acuerdo y se casan, pero con el único pensamiento de que yo me caso para ser feliz. Y se olvidan completamente que la pareja debería casarse nada más y nada menos que para amar al conyugue, no para que solamente sea feliz, sino para hacer feliz a la otra persona. Realmente la intención sería que, yo me caso contigo para hacerte feliz, y tú y yo seremos felices para siempre, yo te amo a ti y tú me amas a mí. El amor es como la luz en la oscuridad, donde haya obscuridad no puede esta la luz, y donde está la luz no puede a ver oscuridad. Cuando hay odio tú como el instrumento del amor, te apareces con una nueva idea, con nuevas palabras, con una nueva estrategia, con nuevos pensamientos, con nuevos propósitos, con nuevos caminos, con nuevos senderos, con nuevos panoramas completamente diferentes a los demás, con nuevas opciones etc. completamente de una manera inexplicable, he incomprensible, pero comprensible para el amor. Recuerda nada más que el amor lo supera todo. La distancia, el tiempo, los enojos, los caprichos etc. Cuando se tiene en verdad amor nada lo destruye. No hay puerta por muy cerrada que este, que el amor no pueda abrir, y no hay puerta por muy abierta que este que el amor no pueda serrar. El amor es como los fantasmas, todo el mundo habla de él, pero pocos lo han visto. *(Ventura c García)* La inteligencia sin amor te vuelve perversa. El dinero sin amor te vuelve avaro, el poder sin amor te vuelve tirano.

(García): todo conocimiento tiene su inicio en el amor.

Donde haya Odio que lleve yo el amor. Si le pones atención a las escrituras, no vamos a tocar ningún versículo bíblico en este momento, pero lo que vamos hacer es tocar lo que el señor vino a hacer y decir. Jesús vino a convertirse en el amor dentro del dio, la discusión, la incomprensión, la división; en medio de todo este relajo que tenía la humanidad. En ese entonces, el maestro vino como el amor en medio del odio, pero claro, los muchachos no le querían escuchar, porque no les convenía el mensaje que él traía; el traía un mensaje positivo, un mensaje de motivación, un mensaje de alegría, una mensaje de cambio, de gozo. Él era la alegría, él era el todo lo que necesitaba el ser humano sobre la faz de la tierra; cuando vino a este lugar que le llamamos tierra, se encuentra con odio. Específicamente nos vamos a encontrar con el odio ¿porque digo que se encontró con el odio? Por la sencilla razón, que cuando él vino avían personas que se sentían ser mejor que los demás. si no tenían dinero robaban, si trabajaban para alguien les robaban, se odiaban, se criticaban, no se aceptaban los unos y otros decían, yo soy de la tribu tal, tú eres de la otra tribu tal, y como tú eres de la x tribu; eres tal. Así sucesivamente se

comportaban en esta tierra. Si tú alguna vez
has leído las escrituras, sabes de qué te estoy
hablando: estamos hablando de los fariseos,
de los maestros de la ley, de los personajes
que no aceptaban el mensaje que el maestro
traía. Por supuesto porque no era su mesías
que ellos esperaban, era el mesías qué ellos
desconocían, por esa razón querían eliminarlo
y lo eliminaron; porque según ellos no era el
mensaje que tenía que traer.

Así hoy en día mi amigo y mi amiga, hay
personas que en vez de escuchar un mensaje
nuevo y fresco, lo que hacen es eliminar al
cliente, en otras palabras, eliminar el mensaje
que viene; porque no me conviene, no se
acomoda a mi altura, no me responde como
yo quiero que me responda, no me da lo que
yo quiero que me dé, por esa razón a mí no
me conviene, por eso tomó el rumbo que me
convenga y que crea qué es correcto. Y van
por la vida, cayendo y levantando cayendo
y levantando, no se recuperan ni se mueren,
están ahí están estancados. Por la sencilla
razón de que no son abiertos a escuchar un
consejo. Se llenan de envidia, y a decir, él es
así, lo odio porque es así, ella es así, la odio
porque es así; Mis padres no me dieron lo que
yo quería por eso los odio. Mis hermanos no
comparten conmigo la creencia que yo tengo,
por eso los odio, yo no tengo dinero como
ellos tienen por eso el odio. Porque no me

simpatizan cuando quiero, que compartan algo de ellos, tampoco lo hacen. Mis padres no me dieron el estudio por eso los odio, o mis padres me dieron el estudio yo quería otra cosa y no estudiar y por eso los odio. Talvez no lo vas a decir verbalmente, pero lo vas a decir en tu corazón. Más adelante te voy a comentar mi experiencia, como es que el odio llega a comer, no solamente el alma también el cuerpo, la familia y todo lo exterior. Porque cuando algo anda mal interiormente, especialmente cuando una persona odia a otra persona. Las consecuencias son fatales, son tremendas, por esa razón hay personas ahora enfermas. Los hospitales están llenos de personas con alta presión, dolores de todo lo que te puedes imaginar. Los hospitales están llenos de ese tipo de gente que por tener odio se han enfermado y ni se han dado cuenta antes.

Te doy un consejo qué te detengas ahora y que seas capaz de llevar el amor. cómo leíste hace ratos de convertirte en el amor, de ser tu amor, de confundir a los demás con ese amor impenetrable que tienes tu; que estas fortalecido con esa potencia espiritual. ¿Qué es el amor? Tal vez tienes lo que no quieres tener, talvez te suceden problemas de diferentes magnitudes, de diferentes tipos. Pero si hay amor en tu corazón y en todo lo que haces y dices, lo haces con amor eso va a cambiar tu forma de ser, es más, aunque no digas ni hables cuando vayas caminando se van a dar cuenta que dentro de ti hay alegría y amor, hay mansedumbre, está el amor reinando en ese corazón.

Un día estaba Francisco de asís con sus discípulos, mejor dicho, con los demás sacerdotes. Él se dirigió a los sacerdotes y le dijo... muchachos vamos a predicar, de acuerdo- dijeron ellos... se fueron a predicar al pueblo. Salieron de la casa de donde estaban y se fueron caminando, caminaron, y caminaron, y caminaron. Cuando los sacerdotes se dieron cuenta iban de regreso para la casa, después de caminar 3 o 4 horas, se fueron de regreso a la casa, cuando llegaron a la casa le dijeron... disculpe Francisco ¿le podemos hacer una pregunta? claro que si- dijo claro que sí ¿no dijiste que íbamos a ir a predicar y no predicamos, ya estamos de regreso y no dijimos ni una palabra? La respuesta de Francisco fue, para predicar no es menester mover la boca solamente que te vean pasar. Ustedes no se dieron cuenta pero ya predicamos con el hecho de ir caminando y que nos vieran, ya vieron la presencia del amor a través de nosotros. Es decir; ir a predicar o llevar un mensaje positivo y de amor, lo único es estar dispuesto a recibir el reto de amar. Te preguntarás ¿cómo hago para amar? Bueno, es cambiando tu personalidad, o tu forma de hablar, tu forma de pensar, tu forma de caminar, tu forma de ver la vida. Es decir, cambiar la perspectiva de la vida, cambiar tus creencias, para poder amar tienes que saber creer y amarte tú mismo, aceptarte tal como eres. Tal vez has llegado en esos momentos qué dices; no me quiero, no me aceptó, o no sé quién soy, todo lo que no quiero hacer lo hago y lo que quiero hacer no lo hago; ¿porque me pasa esto a mí porque no me pasa esto a mí? posiblemente alguna de estas palabras que has dicho, te ha pasado. Porque, para qué, dónde, cómo; todas esas cosas te destruyen. Tienes que aceptarte cómo eres y empezar a escudriñar, empezar a ver qué tipo de persona tienes a tu alrededor. Para amar primero, hay que amarse uno mismo, segundo tienes que ver con quién estás rodeado, con quién estás caminando, quiénes son tus amigos, quiénes son tus compañeros, quiénes son los que te acompañan todos los días. Cómo son tus padres, quiénes son tus padres, si no hay amor en esta persona. Te garantizo que tú no vas a tener nada para dar, porque tú vas a estar recibiendo lo que esa persona tiene. Posiblemente amigos negativos, vulgares, verbalmente hablando, y si tú lo que quieres es hacer un cambio pero ellos no te están ayudando a hacer el cambio, al contrario te están derrumbando y te están haciendo cambiar tu mentalidad, pero de una manera que no es correcto; es tiempo de cambiar de amigos.

Yo no odio a nadie, pero sentí ese sentimiento de hacerlo cuando me negaron el privilegio de poder estudiar. Mis padres me lo negaron y no les dije nada, simple y sencillamente sentí ese sentimiento, y cuando se siente ese sentimiento se sufre. Aunque no lo digas verbalmente se sufre; nadie sabe de qué estás sufriendo, pero tú sí sabes que estás sufriendo. La clave es perdonar y lo vas a ver en el punto de la oración que se llama el perdón. ahí hablaré un poquito más a través de estas líneas te diré un poquito más, escribiré un poquito más de lo que te estoy hablando y verás cómo nos podemos convertir en el amor fácilmente y como nos podemos convertir en el odio fácilmente. Si no te cuidas te puedes convertir en el odio, y odiar y envenenarte y en vez de sanar enfermar, en vez de sanar encarcelar, en vez de liberar atar, en vez de romper. Así que seamos amor solamente amor, y todo lo que hagamos lo hagamos con el deseo de que nuestro prójimo se beneficie de lo que yo estoy pensando, o haciendo para bien.

Vamos a hacer una pequeña oración en este momento para reconocer que en algún momento de nuestras vidas, hemos sido odio. Pero vamos a hacerla de una manera personal. Va a ser personal cuando la estés haciendo ponte tú ahí, pone tu nombre, pone tu vida allí, hazla de todo corazón y verás el poder del amor, el poder que tiene el amor, porque todo pasará menos el amor, todo terminará menos el amor, todo se destruirá menos el amor, todo se pudrirá menos el amor, todo se va a eliminar menos el amor. Las familias se van a desaparecer menos el amor; tu dinero desaparecerá, todas las cosas materiales que tienes se van a desaparecer, podrían parar en las manos de otras personas, pero menos el amor ¿quieres saber el poder del amor? aquí tienes la clave, reconoce el poder que hay dentro de ti, no solamente el poder de la palabra amor, sino que el énfasis que hay dentro de ti, del amor de la entrega, de la paz, de ese amor tremendo que hay dentro de ti, ese amor que Francisco nos enseña a clamar a través de esta oración, a través de este pequeño párrafo que nos dice, donde haya odio que lleve yo el amor. Está hablando personalmente llevé yo el amor, sea yo la respuesta del odio, sea yo el que lleve la solución donde hay odio.

Señor. Reconozco que muchas veces he fallado, lleve el odio en vez de llevar amor, señor. Yo he llevado odio en vez de ser parte de la solución, fui parte del problema en vez de unir desuní, en vez de detener esas personas que han odiado, yo lo he hecho, yo odie

señor, sin tener conciencia. Aunque me daba cuenta que era incorrecto pero mi fuerza espiritual, o mi mente me decía que lo hiciera o esa voz interior me decía que lo haga; hazlo, hazlo, hazlo, eso era lo que me decía y yo la escuchaba. Perdón por todo esto, quiero ser parte del amor y quiero tener la habilidad de poder perdonarme yo también, porque no me he perdonado, para amar a los demás debo de amarme yo mismo, pero hasta ahora me he dado cuenta que no me amó. Cuando hay momentos que quiero trabajar normal no lo hago; hay cosas que realmente no debo de hacer y lo hago, hay cosas que la gente me hace y me afecta y yo respondo de una manera negativa. El odio me ha destruido señor. Ha estado destruyendo mi familia, el odio me ha traído hasta acá, el odio me ha llevado a llorar, a clamar, y al final siento que esta vida no es nada sin el amor. Sin darme cuenta que el amor es el que me debe de guiar de ahora en adelante. Te prometo que voy a hacer parte del amor. Ahora yo me levanto para marcar la diferencia, con el amor, por el amor y a través del amor; para bien de mis amigos, de mis hermanos, mis padres, mis hijos, mi cónyuge. Para bien de mi jefe, para bien de aquellos que me rodean, para bien de mis discípulos, para bien de mi clase y de mi empresa. Señor, reconozco que hasta aquí no avía creído que hay un poder sobrenatural dentro de mí. Ahora señor, reconozco que ese poder se llama amor que tiene poder sobre todos los poderes del mundo. Gracias señor por permitirme respirar en este momento, permitirme tener la oportunidad de leer este libro que yo sé que tú me estás hablando, gracias señor amén:

(3)

Donde haya ofensa, que lleve yo el perdón.

Donde son ofendidos, o han sido ofendidos, yo estoy, o estaré allí para ser el instrumento del perdón. Ese perdón que solamente lo puedo dar yo cuando quiera y en el día que quiera, y con quien yo quiera, en el momento que yo quiera y en el día que yo quiera. Porque yo solo tengo las llaves del perdón, nadie puede abrir, y cerrar mientras que yo no lo haga o lo permita, o nadie lo puede hacer por mí mismo. Yo he ofendido, o me ofendieron. Mi responsabilidad es perdonar, ser yo el cambio. He visto gente en toda mi experiencia de vida, que vienen arrastrando con récores del pasado, con cadenas de amargura, tristezas, engaños, infidelidad y por consiguiente no pueden ser felices, se lastiman a ellas mismas y lastiman a los demás.

Tu sabes cuándo te has herido ¿te has dado cuenta que los golpes solo caen en ese lugarcito de la herida? Cuando te lastimas los golpes directamente se dirigen en el lugar donde tienes la herida, y tú dices ¿oh rayos porque no me lastimo en otro lugar, no que solo en la misma herida? Lo que sucede es que entre más cuidado le tienes a la herida, más la descuidas. Es una heroína de la vida es algo extraño, y lo que menos cuidas más permanece a tu lado, o contigo. ¿Cómo funciona? No preguntes, es algo misterioso. Si nunca te ha pasado, no más haz la prueba y veras que increíble es eso. Bueno, lo que pasa con la herida, es que te lastimas tú y lastimas a los demás con tus quejas. Porque les haces creer que todo lo que te pasa a ti es culpa de ellos. Andas por la vida diciendo, o haciendo auch, auch me lastimaste ¿no te das cuenta que estoy herido(a) estás tan ciego que no me ves que estoy lastimado(a)? y los demás pagan los platos rotos por tu causa. Una herida profunda que no ha sanado no te permite aunque quieras ser el instrumento del perdón, incluso si eres creyente. Si no pones de tu parte no podrás salir de allí, nadie lo podrá hacer por ti, ni siquiera Dios lo puede hacer por ti. Es cuestión que tu tomes consciencia de tu enfermedad, porque el perdón no es cuestión de Dios no, no, no, es cuestión de tus semejantes y tú. Nos han dicho que si no perdonamos, Dios no nos perdona. Me atrevo a decirte en este momento que yo sé que va a sonar muy mal pero te lo voy a decir igual.

Te quiero decir que Dios no existe ¿Por qué no? Porque el mismo hombre, me atrevo a decir que, se inventó a su propio Dios ¿de qué estás hablando? podrías estar diciendo. Porque el hombre no es capaz de vivir por su propia cuenta y tiene miedo. Y no se anima a tomar las riendas de su vida por su propia cuenta, porque así sabiendo que hay un Dios, lo que hace es dejarle todo a Dios y el no hace nada, se queda sentado, se toma vacaciones y listo porque Dios tiene todo en sus manos. Lo único que también hace es sentarse y decir, yo no me preocupo porque Dios tiene todo bajo control, Dios se encarga de mí y de mi familia. Y en vez de salir a buscar trabajo se pasa la vida orando. Cuando no tiene empleo, o comida, o techo, o comprensión, o la buena salud, o la vida lo trata mal. En vez de salir corriendo a buscar la solución, se ponen a orar creyendo que lo que quieren o necesitan les va a caer del cielo. Por eso me hago la idea que Dios no existe, porque ese pensamiento me da la pauta para preocuparme por mí, por mi familia, mi matrimonio. Me doy la idea de que Dios no existe y así yo me levanto cada mañana con el deseo de triunfar y hacer algo y hacerlo bien. Cuando creo y pienso que mi vida depende de mí, mi matrimonio depende de mí, que todo lo que deseo y quiero depende de mí. Entonces hasta entonces me responsabilizo, por todo lo que tengo que hacer, a asumo las consecuencias de todos mis actos, Me responsabilizo por mi vida y los míos. En mi libro titulado cambia tu forma de pensar, para que cambie tu forma de vivir. He incluido un capítulo de este tema; de Dios no existe. ¿Qué quiero decir con esto? Con esto no te estoy diciendo que no sigas con tus creencias, lo que digo es que ya es tiempo que asumas tus responsabilidades y tus consecuencias. Debes de saber que en la vida no pasa nada si tú no te mueves. Y que en la vida no recibirás el perdón, si tu no lo das, no podrás llevar el perdón si tú no estás libre, y sano(a) de tus heridas. Pero sabes que si tú no haces nada de tu vida, o por tu vida, de jame te digo que no pasara nada.

Solo te quiero recordar que donde hay ofensas lleves tú el perdón. Pero para eso tendrás que tener consciencia que si tú no perdonas primero, nadie lo hará por ti, y tú poco a poco te ahogaras en un vaso de agua, solo por no salir y tomar tú la iniciativa. Deja a Dios un lado y enfócate en ti, porque en esta era se nos habla de Dios aquí, de Dios haya, por la radio, por la televisión, en la familia, y en todas las miles de iglesias que existen, y en todo lugar se habla de Dios. Pero muy poco se nos habla como comportarnos; ya estamos un poco cansado que en todos lados se hable de Dios y el mundo peor día tras día. Todo mundo pueden conducirte a Dios, pero muy pocos te bajan a Dios a tu hogar, familia, matrimonio, empresas, escuelas, hospitales, al mundo. No cualquiera lo hace porque no es fácil traerte ese alguien a ti ¿Por qué no lo hacen? En lo que en la mayoría pasa es que el que te está hablando de hacer un cambio, pero ni el mismo es capaz de hacerlo, solo están llenos de conocimientos y sus acciones dicen basura de ellos. Quiero compartirte un pasaje de las sagradas escrituras, Referente al perdón. Que cuando lo leí me abrió completamente los ojos, no solamente como creyente, sino también como ser humano.

En el antiguo testamento uno de los libros llamado, eclesiástico, o siracides, más o menos escrito dos siglos antes de Cristo. Escrito por Jesús hijo de ¡Sirac! Un libro que fue escrito en hebreo y traducido después al griego por el nieto del autor. En este libro en el capítulo 28:1-5 y en el capítulo anterior 27-30. Dice lo siguiente. No guardes rencor: odio y cólera son dos cosas abominables en la que se destaca el pecado. El que se venga experimentara la venganza del señor él le tomara Rigorosa cuenta de todos los pecados ¿un hombre guarda Rencor a otro hombre y le pide a Dios que lo sane? No tiene misericordia con otro hombre su semejante y ¿suplica por sus propios pecados? Si el débil y pecador guarda rencor ¿Quién le conseguirá el perdón?

Wow esto sí es duro: entonces de ahora en adelante vamos, perdonémonos nosotros mismos, por nuestras transgresiones y ser instrumentos del perdón. ¿Cuántas veces tienes que perdonarte a ti mismo? ¿Cuántas veces tienes que perdonar a los de más?

Mt 18:21. Según nos dice este pasaje tenemos que perdonar hasta 70 y 7 veces es decir, perdonar siempre. En pocas palabras donde hay ofensas, lleve yo el perdón. Déjame te digo ya tus pecados están perdonados ya estas limpio(a) de los rencores y errores que llevas y de los que te atacan y no puedes ser libre. Ya sácalos déjalos ir, deja de estarte martirizando ya fue suficiente, perdona tu adversario, aunque no fuiste tú quien falló, si fue la otra persona la de la culpa, toma tú la iniciativa y veraz la paz que recibirás, y te reconciliaras contigo mismo(a) y con el prójimo. Repite lo siguiente con mucha devoción y se te ablandara el corazón. Dirígele esta plegaria a Dios, a tu creador, a tu fuerza espiritual.

Posiblemente no te hayan ofendido a ti, posiblemente sí te hayan ofendido a ti; cómo lo dice esta oración poderosa; donde haya ofensa que lleve yo el perdón. Clamando fuertemente a la fuerza sobrenatural donde hay ofensa, es una palabra poderosa, donde hay ofensa que lleve yo el perdón. Posiblemente ya viste que te han ofendido, por razones que ahora no voy a explicar, te han ofendido y no estabas preparado o preparada para esa ofensa; ahora te han engañado, o se han burlado de ti, te han visto cara de idiota, cara de cualquier persona, de mujer o hombre de la calle, y por esa razón ahora estás allí cómo estás porque te sientes ofendida u ofendido con la persona que más confiabas. Ahora te ha defraudado y se ha burlado de ti, y te has sentido ofendida, ofendido en caso del hombre. Pero lo que queremos ser y llevar en este capítulo, o en esta enseñanza es el perdón ahí donde han ofendido. Tal vez ya lo sabes hacer, pero no te has podido perdonar tú, porque tú misma, o tú mismo estás ofendido por x cosa. No te enfoques tanto en los demás; como me ofenden, porque me ofenden, para que lo hagan, por qué lo hacen, cómo lo hacen. Y te sientes tan diferente que los demás, qué te descuidadas y no te das cuenta que con eso estás siendo ofendido; el cambio de tu vida no se va a dar porque sigues con esa ofensa en vez de perdonar sigues con esa ofensa, y esa ofensa se convierte en rencor, y el rencor se convierte en veneno para tu cuerpo y tu familia.

La ofensa tan pequeñita que ayer fue, ahora no es del mismo tamaño que la de ayer; una pequeña ofensa es como una tela de araña. Tú sabes que la tela de araña es frágil; por supuesto es una tela de araña. Dicen los estudiados qué cuando hay una tela de araña, hay dos, tres, cuatro, cinco, seis, así sucesivamente tienen tela de araña, tela de araña, tela de araña, que llega a convertirse, esa tela de araña. con la capacidad de jalar un carro; es decir, esa tela de araña tiene la capacidad de jalar un automóvil y te preguntas ¿cómo es posible que la tela de araña va a ser tan fuerte de jalar un automóvil? pues déjame te digo, muy sencillo, porque entre más tela abra, más fuerza tendrá, 1 es frágil, 22 tal vez, 30 telas de araña tal vez, 40 telas de araña tal vez; pero imagínate un billón de telas de araña, eso tiene la capacidad de jalar un automóvil.

Te digo esto. Para qué veas qué tan fuertes son las telas de araña y así son las pequeñas ofensas. Posiblemente son pequeñas el día pasado, el momento pasados, fue una pequeña ofensa, y la dejamos ahí, otra pequeño ofensa y claro la dejamos ahí, otra pequeña ofensa y claro la dejamos ahí. Pero va a llegar un momento que se va a convertir en una tela de araña, que va a ser capaz de jalar un automóvil ya cuando es demasiada ofensiva y atrasa, y atrasa, y atrasa. Te vas a dar cuenta que te vas a convertir en una persona rencorosa y eso va a ser una cadena diabólica, que no te va a dejar en paz, ese rencor es una cadena maldita, que está maldiciendo tu familia, tus hijos, tu generación completa y por esa maldición ahora toda tu generación es decir, hasta la cuarta generación recibirá la maldición. Antes era una pequeña ofensa, bueno antes era una tela de araña pero no cortaste esa tela de araña cuando era el momento de cortarla, ahora es demasiado tarde, porque esa tela de araña se convirtió en un lazo tan fuerte que puede jalar a un automóvil. Dice en las sagradas escrituras...

Éxodo 34:7 el que guarda misericordia a millares, el que perdona la iniquidad, la transgresión y el pecado, y que no tendrá por inocente al culpable ; el que castiga la iniquidad de los padres sobre los hijos y sobre los hijos de los hijos hasta la tercera y cuarta generación.

Entonces no dejes que la pequeña ofensa se quede como la tela de araña, se tenga que quedar allí y podrías olvidarla porque es una pequeña ofensa; dices, no importa si es una ofensa chiquitica. Pero cuando te vengas a dar cuenta mi amigo y mi amiga, esa tela de araña va a romper no solamente con tu vida, sino con tu matrimonio, con tus hijos, con la relación. y al final va a ver sólo división porque por esa maldición de la pequeña ofensa, ahora es ya rencor, es una cadena maldita del demonio que te está escurriendo, y te está sacando todo lo que hasta lo que no tienes.

Mi propósito es que tú qué te sientes ofendido u ofendida, te vuelvas a perdonar, te perdones así como eres, así como eres capaz de decir te perdono, por lo que has hecho, también ser capaz de decir me perdonó yo mismo, yo misma me perdonó. Me han criticado, no me han aceptado; pero ahora me perdonó he estado ofendido e ofendida por años y ahora pues me perdonó y me liberó me restauró y rompo esta cadena que me tiene atado e atada, en este momento de la cadena de la ofensa. Ahora no es ofensa o tela de araña, sino que es rencor ¿cómo es posible que quieres ser instrumento del perdón, si hay ofensa y rencor y odio en tu corazón? es inútil, es una tontería. ¿Cómo es posible que vayas a dar lo que no tienes? tiene que haber perdón dentro de ti primero, saber perdonarte tú primero para poder perdonar; tú puedes perdonar a los demás. Está bien pero si tú no te perdonas primero, te aseguro que los demás van a estar más sanos que tú; te vas a estar preocupado por los demás y ellos les vale madre, les vale un comino tu vida. Lo que deberías ser mi amigo y mi amiga es, hacer un examen de conciencia ¿qué es lo que me ha ofendido, qué es lo que me ha traído hasta acá porque me siento rencorosa, porque estoy rencoroso, y no puedo perdonarme?

Te voy a contar un poquito de mi experiencia. A los 14 años más o menos, me dieron una oportunidad de poder estudiar más después de la primaria, pero mi padre mayormente se opuso a no dejarme estudiar, él me dijo que tenía que ser exactamente como él era; y pues no me tocó más que elegir esa vida. En ese momento cuando él me dijo que no, yo sentí que me habían quebrado las piernas literalmente, como que habían agarrado un mazo y me había cortado las piernas completamente.

Bueno. Yo lloré, yo me arrepentí pues de haber perdido esa oportunidad maravillosa, que no cualquiera la tiene. Me ofendieron, me sentí ofendido. Te estoy hablando más o menos como hace 15 años. Para mí fue una ofensa, nada más que con el tiempo fue esa ofensa fue internándose en mí. Cuando yo iba a buscar trabajo me pedían estudio avanzado. Fui a buscar trabajo como 3 veces y me pedían el estudio que mi padre había rechazado. Fui a una radio y me dijeron que para trabajar en una radio tendría que tener cierto estudio y ahora ya no era una ofensa, era un rencor, era un dolor del corazón qué pensaba no perdónalo nunca, por esa barbaridad que me hizo. Y enojado me fui a trabajar a los cañales a cortar caña para hacer azúcar, y después regresé a la casa con ese dolor y rencor en mi corazón. No quería estar en mi país y por esa razón también me vine para los estados unidos, porque no quería estar allá, yo quería algo más porque había perdido la oportunidad de mi vida, él había perdido la oportunidad de mi vida, ya no era una ofensa era un rencor maldito que me estaba destrozando el alma, era feliz me reía, ganaba dinero. Pero interiormente estaba destrozado porque había perdido mis sueños.

Hace poco pude abrir mi corazón y mi mente, ahora soy otra persona y me he dado cuenta que lo único que ellos me dieron fue lo único que tenían, no tenían nada más para dar y pensé, claro, para dar hay que tener si no tienes no puedes dar. Allí pensando empecé a trabajar conmigo mismo, con esa tela de araña que se llamaba rencor. Trabajé y trabaje y trabaje como 3 años para poder recuperar la relación que teníamos de padre a hijo, de hijo a padre. Me di cuenta que la vida me avía premiado con una gran sorpresa; gracias a que no me pusieron a estudiar ahora tengo el privilegio de que tú estés leyendo este libro. ese rencor que tenía empecé a trabajarlo y empecé a meditar grandemente, apartar mis días a pensar, por qué, para qué, y cómo es posible que me hicieron esto a mí, y cómo es posible cuando escuchaba hombres y mujeres que tenía la oportunidad de estudiar tiraban todo a la basura. Los padres con mucho gusto le daban el estudio y ellos no querían estudiar, unos si terminaban el estudio algotros nada, algotros lo dejaban a medio, se quedan a medio. Así van por la vida de un lado a otro, porque no querían estudiar los padres a la fuerza querían ponerlos. Yo decía ¿porque ellos que no quieren, tiene la oportunidad y yo que quiero no tuve la oportunidad? eso me mataba, me mataba el alma. Por fin reconocí que la vida me había sorprendido con un gran regalo. Hace poco lo pude perdonar, los pude perdonar de corazón; pudimos hacer las paces, le comente lo que yo sentía y pensaba; y pudimos perdonarnos. Lo perdone y él me perdonó, nos liberarnos de esa cadena que yo llevaba atado por años y el también. Yo decía, por la culpa de mis padres yo no estudié, mi padre decía, por culpa mía que no le permití que fuera a la escuela, por eso está lejos ahora- decía, por mi culpa él no está aquí, creo que la culpa es mía. Decía mi padre. Por su culpa estoy lejos- decía yo. él decía, por mi culpa él está lejos no le permití cumplir sus sueños y ahora que quiere el cumplir sus sueños ya es demasiado tarde. Así sucesivamente me cortó mi alarma del rencor; y a mi padre le corte su alarma también de la culpa, y ahí pudimos sanar. Hablamos, platicamos y pudimos amarnos y liberarnos de esa maldita cadena que se llama el rencor, qué se llamaba la ofensa.

Ahora te puedo decir. Con muchas agallas y con mucho gusto que soy instrumento del perdón. Te puedo decir a ti que tú también puedes ser el instrumento del perdón; si yo voy a hacerlo tú también puedes, y si tú puedes ¿porque yo no puedo? si yo gané ¿porque tú no ganas? si hoy logre llegar hasta aquí ¿porque tu no logras llegar hasta dónde quieres llegar? vamos si se puede vamos a llevar perdón donde hay ofensa, vamos a llevar perdón dónde han sido ofendidos, y ayudar a otros a cumplir sus sueños. Ayudar a otros a levantarse que puedan perdonar y sanar de ese rencor; que puedan sanar a otros, y tener una vida saludable espiritualmente hablando, y por consiguiente tendrán una vida sana. Te deseo lo mejor, vamos a ser instrumentos de la vida, a través del perdón donde hay ofensa que lleve yo el perdón.

Ayúdame a perdonar al que me ofende, cada vez que me enojo con alguien., me siento prisionero(a) de esa persona. Pierdo mi libertad porque estoy muy atento(a), dependo de lo que haga, lo que diga, o deje de hacer esa persona me molesta ¡perdón Dios! Por mí, que digo y no hago, que hablo y no vivo, que pido y no doy. Que me gusta que me sirvan y no sirvo. Pero no me comprometo, que digo serte fiel y muchas veces te olvido. Que quiero servirte y se me ha olvidado, lo que es servir. Y que quiero ser el primero

en todo, y me olvido de los otros. Hoy desde lo hondo de mi pequeñez, elevo a ti mi oración, suplicándote......Perdón a ti y a mis semejantes. El perdón me libera de las ataduras, que me amargan el alma, y enferman mi cuerpo, y los de demás. Me entrego completamente a ti para entender lo que estoy leyendo, y lo que tú me estás hablando a través de este libro AMEN.

(4)

Donde haya discordia, lleve yo la unión.

Seguirme con esta poderosa declaración, de esta poderosa oración. Ahora ¿cómo puedo yo llevar unión donde hay discordia, o división? lo importante aquí es que tú seas parte de la unión, que seas unión en otras palabras. Que haiga dentro de ti un corazón de unión tan poderoso que nadie podrá dividir. Cuando hablamos de división tenemos que hacerlo con un telescopio. Desde las familias, hasta gobiernos, y religiones, allí habita, incluso hasta reina la división. Por ejemplo. Las fronteras que separan de un país de otro. Cuando oyes hablar de los cristianos, o de los judíos, o de los islámicos, o de los hindús, o de los budistas, o sij ismos, o de los mahometanos, o de los Sivas; eso es por mencionar algunas divisiones. Cuando llega alguna palabra algo parecido a lo que acabas de leer, lo primero que viene a tu mente es división. Porque estás tan enfermo, o la gente te ha enfermado tanto, que tu mente esta directa, que desde luego que oyes hablar de estas cosas, lo que viene a tu mente es y dices, división no es parte de mi pradera, o no son parte de mi corral etc. Me da mucha pena cuando me encuentro este tipo de personas. Cuando me pongo a pensar en este tipo de personas digo, pobrecitos que divididos están. Porque si hay este tipo de pensamiento, o división, eso ya es un punto para pensar que todo su ser incluyendo trabajo, familia, empresa, matrimonio, ambiente etc. Toda su vida completa es división. Pero lo que estamos viendo, o lo que estás leyendo es como llevar la unión. Sí, claro; pero primero hay que ir a la Raíz del mal, o la Raíz del problema. De otro modo no podemos acabar con los insectos. Y esta división que se viene causando ya por años y por siglos, esa división viene afectando en nuestra generación actual.

Empiezas a hablar, o tal vez no tú, sino que has escuchado hablar de esta manera. Como por ejemplo. La división ha entrado a tu vida, empiezas a hablar así más o menos, que yo soy rico y tu pobre. Que yo soy inteligente y tu tonto. Que yo soy de una familia de buen apellido y tú de una familia que ni siquiera existe en el mapa. O que yo saco buenas notas y tú eres un perdedor. Yo soy valiente y tu un

cobarde, o si no le agregan yo soy ganador
y tu mírate un bueno para nada. Mira yo soy
hijo de diplomáticos y tú no tienes ni adonde
caerte muerto. Mira yo soy universitario y tú
te quedaste haciendo eso por haragán, y así
dices que eres escritor. Mira yo estoy en otro
país y tu no. Mira yo soy chofer de aviones
y trenes, y tu ni tienes para una bicicleta.
Mira yo tengo una mansión y tu casa ya te
cae encima. O sino para el colmo te dicen.
Mira yo pertenezco a tal religión, y nosotros
somos mejores que ustedes, Nosotros nos
vamos a salvar y ustedes se van a condenar.
Y cuando se dan cuenta la vida se le ha ido
solo juzgando y haciendo divisiones. Ahora lo
que sucede en las familias, sea el papá, o la
mamá, se ponen en contra de otras familias,
solo porque escucharon rumores que esto, o lo
otro. Ya le empiezan a decir a sus hijos no se
junten con tal personas, o con los niños de tal
familias, porque ellos son nuestros enemigos.
Son enemigos de ellos y hacen también que
los niños empiecen a construir barreras entre
uno y el otro. Pero para terminar con esta
división hay que empezar con migo ¿quieres
ser el instrumento de la unidad? De acuerdo
¿quieres cambiar el mundo? Pues cambia tú.
Se tú el cambio, se tú la parte del cambio,
marca la diferencia, marca el camino, porque
si no lo haces tú, tampoco esperes que los
demás lo hagan ¿Quién lo va hacer si tu no lo

haces? Nadie. Tu eres el cambio, sino cambias tu nadie cambiara y las cosas seguirán peor, y tu desperdiciando tu valiosa vida en hacer divisiones, y cuando te vengas a dar cuenta ya va a ser demasiado tarde, y después ni digas ¿porque no lo supe antes? está a tiempo.

Para que tú seas el instrumento de la unidad, tiene que darte la idea primeramente, que tenemos un solo creador, Y segundo que hay un solo Dios. Y cuando tú tengas consciencia que somos uno, y nos movemos en un solo espíritu, en el mismo espíritu que me estoy moviendo yo en este momento, te estas moviendo tú también. Fortalécete del espíritu de la unidad, de la fuerza que proviene de ti. Que haya una unidad tan fuerte, que nadie podrá reventar esas cadenas de unión, que son más o menos como la piel del rinoceronte de 3 o 4 pulgadas de grueso. Pero esa unidad empieza contigo querido(a) lector.

Veamos un poco la unidad, enfoquémonos en esta palabra nada más, la unidad. Nosotros los seres humanos de alguna manera somos división, pero de alguna manera somos unidad. De alguna manera somos uno; de alguna manera somos todos en uno. Si te enfocas en tus manos, tus pies, tus ojos, tu boca, tu nariz, tu cuerpo. Te vas a dar cuenta que tienen cada una de las partes de tu cuerpo diferentes funciones cómo son... las manos no pueden hacer lo que hacen los pies, los ojos no pueden hacer lo que hacen las manos, los oídos no pueden hacer lo que hace la boca, la lengua no puede hacer lo que hace tu mente. Así sucesivamente cada parte de tu cuerpo tiene diferente función, pero todo eso tiene una unidad qué es el cuerpo. El cuerpo es lo que le da vida a estas partes del cuerpo que hemos visto en este momento, es lo que le da vida, le da la función... pero igual las manos, los pies, los ojos, la boca, la nariz, los oídos, las orejas son 1 en el cuerpo, y el cuerpo es muchos y no, en estos miembros así nos convertimos nosotros, en unidad también... Pablo recordó que en Cristo somos uno en qué nos convertimos en una persona y él se convierte en una persona con nosotros. Cuando decides hacerlo; bueno, cuando decides llevar la unidad al que lo necesita... es decir, en dónde está la división y la discordia, te conviertes en un miembro, trabajando en todos y en uno por todos. Te conviertes en uno con Dios trabajando en esta tierra y Dios se convierte en ti caminando por esta tierra, al final tú eres divinidad y Dios es hombre de carne y hueso, porque son uno; uno solo. Sí has tenido la oportunidad de leer mi libro titulado, cambia tu forma de pensar, para que cambie tu forma de vivir. Ahí te hablo del yo soy quién soy. ¿Qué estoy haciendo aquí en esta tierra? todo esto te lo explico ahí, si no lo has leído te lo recomiendo que lo leas.

Te diré ahora que tú tienes un propósito en esta tierra. es lo mismo que tiene la semilla, la semilla tiene el propósito de hacer brotar la planta, la flor, ósea cualquier cosa que sea el principio de esta semilla; pero en si viene a salir o a dar vida, y en tu caso tu vienes a convertirse en unidad y en división; cuánto debes de serlo de la manera que puedan unirse las familias, o desunirse las familias, ¿de qué estás hablando? estoy hablando de la unidad, y después de la división ¿qué es esto? te voy a dar un ejemplo. Bien palpable que los vemos a nivel humano, a nivel mundial. Hay personas o religiosos que creen que hay que agarrar la vida, así fundamentalmente porque si no, Dios no le gusta. Por ejemplo. El que se casa no puede divorciarse, ni separarse de la mujer. Te dicen, pero mi pregunta es ¿eso es correcto o incorrecto? bueno pues, lo único que te quiero decir es, que yo no estoy aquí para cambiar las creencias, los dogmas, las doctrinas, o las iglesias, no. yo estoy escribiendo para cambiar tu mentalidad, para que tu mente tenga otro rumbo, para que tu mente cambia la perspectiva de la vida, o de la luz que estás viendo en esta tierra.

Ahora hablando de división digo lo siguiente... los religiosos te dicen así, pero yo no te digo eso porque cada uno tiene la libertad de vivir la vida feliz a su favor. Cada uno tiene el derecho de ser feliz, cada uno tiene el derecho de tener paz, cada uno tiene el derecho de sembrar, y cada uno tiene el derecho de cosechar, cada uno puede comprar, cada uno puede vender, nadie puede obligar a nadie, cada uno toma sus propias decisiones.

Por eso yo pienso de esta manera, que si alguien viene a mí, una mujer o viceversa sea un hombre. Pero alguno de los dos me digan, sabes que, no aguanto mi matrimonio, ella no me entiende ella no comprende o viceversa, el no entiende o él no me comprende. Después de estar analizando el asunto si no vemos soluciones ajáramos la solución alternativa o el plan B cómo se le llama. Yo tengo la autoridad de decirle a esa persona mira, sabes qué para tu bienestar y tu mejoría desapártense, divorciarse, porque posiblemente pueden ser más felices divorciándose o viviendo separados que estar unidos. Porque cuando están unidos parece que estuvieran en el mismo infierno viviendo porque no hay paz, parece que tuvieran el mismo demonio metido en la casa. Por eso mi consejo es déjalo o abandonarla, posiblemente así serás más feliz.

Ahora bien si ya no se aguantan, y por años han venido con esa circunstancia o esta situación, que no se aguanta el uno al otro, no hacen lo que deberían de hacer, es dejarse guiar por lo verdadero, qué es la alegría y la paz Dios. De alguna manera vas a estar de acuerdo conmigo porque por la sencilla razón, que él ama la paz, ama la alegría, ama la felicidad y si en ese lugar no hay felicidad, sólo por estar teniendo un dogma, una creencia fundamentalmente se están yendo al infierno, están sufriendo teniendo el infierno por su causa; sólo por la causa de una creencia por un dogma se dejan llevar por eso. Pero hay matrimonios que se la pasan el resto de su vida, llegan hasta la muerte incluso mueren sin perdonarse porque toda la vida ha sido pura frustración y cansancio. recuerdo en la hora que iba a morir mi abuelita, nunca en la vida había perdonado a mi abuelito, estaba allí agonizando, le pidió perdón a todos sus hijos y menos a mi abuelito; le decían sus hijos por favor perdona a tu esposo, pídele perdón, perdónense uno al otro. Ella no lo perdonó ni lo hacía porque tenía un gran rencor, como bien lo estuvimos viendo hace ratos. No sé perdonaron jamás ella murió y no le dirigió el perdón a mi abuelito. En el día que mi abuelito iba a morir mi abuelito con rencor y dolor él dijo, por lo que más quieran no me entierren dónde está la vieja, dónde está mi esposa no me entierren ahí, entiérrenme mejor en otro lado que sea lo más lejos posible porque no quiero quedarme con ella. Era tanto el dolor y la división que había qué ahora estaban hartos de estar unidos no tuvieron el coraje de decir, ya no más, no puedo más, tengo que desaparecer esta tristeza de mi vida y ser diferente. No tuvieron el coraje de poder liberarse de eso porque había una creencia anclada a su vida.

Prefiero que vivan separados y no como perros y gatos. No estoy diciendo que todos tienen que hacerlo de esa manera, lo que digo es que, deben de platicar, deben de conversar pero si no hay solución por supuesto deben encontrar otra solución de poder ser felices. Hay hombres y mujeres que tienen miedo a ser felices que se quedan ahí en su letargo, en su coraje, en su orgullo, en su miedo espiritualmente hablando. Nadie lo sabe, nadie lo conoce, nadie se imagina que es lo que tienen en su corazón, pero solamente ellos saben que no están bien y por esa razón es que nadie es feliz y no hacen feliz a los demás, no viven felices ni hacen felices a los demás; no pueden vivir la vida ni tampoco dejan vivir la vida a lo demás. Viven con la división y después quieren que los demás vivan también con la división o divididas mejor dicho.

Déjame te digo que si ese es tu caso, no esperes más llegó el momento de marcar la diferencia, llegó el momento de ser diferente, llegó el momento de decir ya no más aquí termina todo, aquí yo soy el que debo de marcar el rumbo, yo debo de poner un punto en la tierra y decir, de aquí para allá es tu tierra, y de allá para acá es la mía, yo no me meto en la tuya ni tampoco te metas en la mía.

Pero lo que tienen que hacer es. Conversar y después van a poder charlar y van a poder estar unidos a través de la conversación. Pero tú me preguntas ya lo he intentado muchas veces y no funciona, ¿qué debo hacer, qué hecho que no debí de hacer, que estaba haciendo que no realmente debo de hacer? ¿O qué es lo que no he hecho? Pues no me digas que ya te cansaste de hablar con tu con lluvia, o con tu pareja, o con tus padres, o con tus hijos no me digas, porque no te lo voy a creer.

En una ocasión. Nos fuimos a una casa. y había un perro dentro, el perro estaba ladrando, me digo mi esposa que quiere el perro. No lo sé, le digo. Abro la puerta y sale corriendo el perro, dije Wow se fue el perro corriendo. Ahora qué hago para atraer el perro, dije. El perro no era de nosotros, el perro se fue corriendo atrás de la casa hizo sus necesidades y el regreso inmediatamente para dentro. Dije, Wow ¿cómo es posible que este perro ahí vaya hacer sus necesidades? por la sencilla razón que ese perro estaba bien entrenado acerca de dónde hacer sus necesidades y cómo hacerlas, en qué lugar y en qué lugar no hacerlas. Yo me pregunté si este perro entiende ¿porque nosotros no comprendemos? ¿Porque si ese perro entiende los hijos no entienden? me puse a pensar en ese momento que los animales son entendibles, porque ellos también entienden cuando tú lo haces y los entrenas ellos entienden ¿y nosotros que tenemos el regalo del razonamiento no comprendemos? es una vergüenza, es un asco eso, escalofrío me da pensarlo, es una basura que no pongamos de nuestra parte.

Sí me estás diciendo que ya hiciste lo que pudiste y no ha funcionado. Eso no es cierto eso es mentira, yo no te creo. Porque debes de marcar la diferencia con tu forma de conversar, tal vez has estado conversando a gritos, a patadas, a golpes y el machismo te ha ganado etcétera, etcétera: ahora busca otra alternativa de la paz, de la alegría, de la comprensión, de la unidad. Así que mí querido e querida lector. Vamos allá donde hay discordia a llevar el amor y la unión. Llevar yo la unión la comprensión con mi forma de serlo. Pregúntate si los animales entienden que no razonan ¿porque yo no? porque si los perros entienden ¿él o ella no entiende? todo es posible con tal que tú creas que es posible, todo se puede con tal que tú creas que todo se puede. Donde quieras puedes ir, con tal que creas que puedes pisar cualquier camino, podrás caminar, pero con tal que creas que ese camino sea diferente para ti y para los tuyos; tendrás la victoria.

Vamos a hacer una plegaria para finalizar el párrafo de la unidad. Efesios 4:3. Mantengan entre ustedes lazos de

paz y permanezcan unidos en el mismo espíritu.

Señor enséñame a ser generoso, a servir como tú me mandas, a unirme a mi prójimo, a dar sin medida, a compartir sin temor y trabajar sin descanso, y no esperar nada a cambio, darlo todo 200 por ciento de mi vida para ser parte del cambio. Yo prometo por mi honor, hacer cuanto de mí dependa para cumplir mis deberes para con Dios y la patria ayudar al prójimo en toda circunstancia, y a mi iglesia lo cual me has confiado. Y de ahora en adelante me apretare bien el cincho, y te demostrare quien soy yo. AMEN.

(5)

Donde haya duda, que lleve yo la fe.

Donde haya duda ponga yo la fe. Que interesante este tema maravilloso. Porque lo que la mayoría hace es lo contrario, es poner duda donde hay fe. Yo diría más bien que donde hay duda; sea yo el instrumento de la fe, sea yo el canal por la cual fluye la fe, sea yo el canal que resplandezca la fe; sea yo el canal donde la fe sea transmitida, sea yo un volcán que en vez de tirar lava, tirar confianza y fe, donde hay temor, miedo, y duda.

Lo que tienes que hacer es tornarte de ordinario, (a) a extra ordinario(a). Tienes que salir de lo normal, para entrar a lo anormal, mejor dicho, salir de lo creíble, y entrar a lo increíble. Salir de lo visible, y entrar a lo invisible. Salir de lo natural, y entrar a lo sobre natural. Tienes que salir de lo lógico, y entrar a lo lógico. Tienes que salir de la forma, para entrar a la trasformación. La transformación quiere decir, creer en el mundo real que es lo que no se ve, porque lo que no se ve es más real de lo que se ve. Tienes que empezar a salir de tu jaula de conformismo. Empieza a salir de tu jaula de las malas palabras. Para llevar fe tienes que salir obviamente de la duda y entrar en la fe. Empieza a salir de lo que puedes palpar, o tocar, y entra en lo que no puedes palpar, o tocar. Empieza a salir de tu cárcel, que te tiene ahogado por años por décadas. Y no puedes aunque quieras hacer lo que deseas, parece que lo que deseas agarrara otro rumbo.

Para ser el instrumento de la fe. Primero tienes que tomar la decisión de que todo tu ser sea completamente fe, que todo tu ser físico tenga la capacidad de reflejar la fe. Que todas tus células, que todos los átomos de tu ser, y cada uno de ellos sean portadores de la energía de la fe, y que todo tu ser pueda sentir esa fuerza extraña que es la fe. Para yo ser fe cuando haya duda, tengo que tener un profundo conocimiento de lo que significa fe.

La fe es una palabra que se le conoce como algo invisible. Yo diría que la fe no solamente es invisible, sino que también la fe es visible ¿Por qué? Porque la fe ya con el tiempo se nota, y se puede observar. Algunos la llaman fe, algotros la llaman actitud, algotros la llaman constancia, algotros la llaman creer, y yo la llamo tu fuerza, nada más y nada menos que tu fuerza interior, tu actitud interior, tu deseo interior, la fe. La palabra fe es una palabra universal, cuando tú tienes fe, no estamos hablando que es un don de Dios, que lo obtienes ya de grande, o tú te la ganas con tus méritos, o que se consigue orando etc. No, claro que no, la fe es algo que tú ya traes contigo. Ya que porque eres creyente, o muy perseverante en tu iglesia ¿eres favorito de la fe? ¿O si hay alguien que ni siquiera se asoma a los templos, a ese la fe lo desecha? claro que no. Cuando hablamos de la fe, es como que si dijéramos que hay un solo Dios, y claro que lo hay. Porque todos tenemos fe, los creyentes y no creyentes. Los espiritistas, los diabólicos, los tradicionistas, los brujos etc., todos tienen fe. Pero la pregunta es ¿Cómo la estas utilizando tu fe? ¿en qué punto de tu vida tú utilizas la fe? los creyentes y no creyentes tienen fe. Pero de que te funcione o trabaje a tu favor eso depende de ti, y el deseo que tengas para explotar tu fe y donde lo quieras hacer, cuando, y con quien, eso depende de ti. Porque para llevar algo tú tienes que poseerlo y tener la consciencia que otros la necesitan y tu responsabilidad es ser el instrumento de la fe. Lo que tienes que anhelar de hoy en adelante, es llevar la fe donde hay duda, donde hay temor, donde hay desconfianza.

En las escrituras; en la epístola de pablo a los hebreos 11:1 nos dice lo siguiente. La fe es como aferrarse a lo que se espera, es la certeza de cosas que no se pueden ver.

No sé si has tenido la oportunidad de echar un vistazo a tu alrededor, y mirar como el rencor y la duda, han matado más gente que la segunda guerra mundial. Por eso es tiempo que tú y yo nos levantemos, para llevar esa fe que tanto hace falta en el mundo. Para llevar la fe, donde está la duda, tengo que saber que es fe ¿Qué es fe? Lo hemos acabado te leer. La fe es como aferrarse a lo que no se ve. Voy a comentarte una pequeña anécdota para poder explicarla. La fe es como cuando tú quieres hacer una compra por internet, compras; no lose, algo que tú quieras. El día de hoy tú entras a las redes sociales, a la tienda donde basa a ser la compra, y le echas un vistazo a los precios, si te parecen haces tú compra. Pero la pregunta es, cuando te levantas de tu silla ¿te levantas con dudas? ¿O te levantas muy seguro(a) que has hecho la compra y que te llegara en la fecha que te dijeron?

Bueno pues claro tu estas muy seguro(a) que esa compra se procesó, y que no sabes el día exacto que te llegara la orden, pero no tardara mucho, menos de dos semanas tú tienes tu compra en tu hogar. Pero cuando pasa el otro día ¿Cómo te sientes? ¿Estás con duda, y dices, oh tengo que hacer la orden otra vez, porque me late que la orden que hizo ayer no vendrá, lo que voy hacer es lo siguiente, are la orden otra vez, para que así esta vez, me asegurare que venga? Claro que no vuelves a hacer la orden una vez más, entonces ¿cómo es que tienes dudas? qué haces ¿será que te pones a llamarlos todos los días, preguntándoles, si están seguros que si la orden se procesó y llegara a tu casa? Por supuesto que no. Porque si lo haces te van a decir, tal fulano perdone usted pero ¿Qué de lo que se lo vamos a enviar a su casa usted no entiende? Si nos sigue molestando le vamos a cancelar la orden, y con mucho gusto se busca otra tienda, que le brinde esa confianza que usted busca. Y qué haces tú, claro que nada de eso haces, porque el hecho que ya distes el número de tu tarjeta de crédito y te retiraron el dinero, eso es más que seguro, que muy pronto obtendrás la orden en casa. Valga la comparación pero más o menos parecida es la fe. Cuando tú tienes fe lo único que tú haces es qué pides a tu ser superior todo lo que tú quieres una sola vez, ya lo pediste ya no tienes que dudar porque viene en camino. Y cuando tú tienes este tipo de fe, y la usas a tu favor y explotas tu potencial en buscarla, te aseguro que tu vida cambiara.

Prepárate porque lo que leerás a continuación te volara la tapa de los esos literalmente hablando. Cuando tienes fe, recuerda, primero es tenerla, y después es llevarla. Si lees las sagradas escrituras, (bueno yo soy un novato en ellas, pero supongo que tú eres experto). Te vas a dar cuenta que todos o la mayoría de milagros que hizo Jesús, fueron por la fe. De hecho si le pones más atención a lo que lees, veraz que todos los milagros que supuestamente hizo, no los hizo El, no. porque lo que sucedió es que, todos los milagros los hizo la fe de la gente ¿estás de acuerdo? Bueno si no estás de acuerdo. Veamos algunos versículos de las sagradas escrituras, y veras que saldrás de la dudas, o mejor dicho te sacaré de dudas.

Lucas 8:48. Jesús le dijo tú, fe te ha salvado. Vete en paz. Quién fue quien sanó a la mujer, ¿Jesús o su fe? tú date la respuesta. Creo sin duda alguna que tú tienes la respuesta.

Mt 20:32-34 Jesús se de tubo los llamó y les preguntó ¿Qué quieren que haga por ustedes? Ellos dijeron, señor que se abran nuestros ojos. Jesús sintió compasión y les tocó los ojos, y al momento recobraron la vista y lo siguieron: ¿Ellos tenían fe sí o no? ¿Ellos hicieron lo que Jesús quería, o Jesús hizo lo que ellos querían? Claro que la fe de ellos era más grande que la multitud, incluso más fuerte que Jesús que tuvo que detenerse para cumplir el pedido de la fe de los ciegos.

Lucas 7:9 al oír estas palabras Jesús quedó admirado, y volviéndose a la gente que lo seguía, dijo, les aseguró que ni siquiera en Israel he hallado una fe tan grande.

¿Por qué se admiró Jesús por la fe de el mismo, o por la fe del centurión; Jesús hizo lo que él quería y conforme su misma fe, o hizo lo que el centurión quería y conforme su fe? te hago estas preguntas para que tu interiormente las analices, por tu propia cuenta. Veras que poderosa es la fe para mover la mano de Dios.

Mt 17:20 Jesús les dijo, porque ustedes tiene poca fe. En verdad les digo: si tuvieran fe, del tamaño de un grano de mostaza, le dirían a este cerro. Quítate de aquí y ponte más halla y el cerro obedecería. Nada sería imposible para ustedes.

Entonces como vemos, la fe se tiene adentro de uno, solo depende de darle vuelo, y hacer que ella haga lo que tú quieras. En estos pocos párrafos que has leído, dime tú. Te voy a preguntar y te pido que me contestes con la honestidad. Si gustas vuelve a leer una vez más estos párrafos, antes de Responder a la pregunta que te dirigiré en este instante ¿Cuántos milagros hizo Jesús y cuántos milagros hizo la fe? Cómo la vez ¿todo lo hizo quién Jesús o la fe? Ahora te toca responder la pregunta a ti mi querido(a) lector. Bueno, ya cuando tú conoces todo esto y lo pones en práctica, entonces hasta entonces, podrás ser instrumento de la fe donde hay duda.

Ahora no me vas a decir que no sabes que es la fe lo que hace el milagro. Porque traté de explicarlo muy fácil, y lo más sencillo de lo que he podido ser y claro. Ahora para continuar en el aprendizaje de la fe. Vamos a ver cómo me cimiento en el instrumento de la fe, donde reina la duda y el temor y el pánico etc. Pero para ello vamos a seguir citando las epístolas del nuevo testamento.

Santiago 2:20 ¿será necesario demostrarte, sino lo sabes todavía, que la fe sin obras no tiene sentido?

¿Qué significa que la fe sin obras no tiene sentido? O podrías decir que es muy fácil de saberlo. Pero realmente no es tan fácil como parase. Podrías decir que cuando habla de esa forma, solo está hablando de darle de comer al hambriento, o dale de beber al sediento. Claro que no solo eso, el texto va mucho amas haya. Cuando Santiago hace mención de la fe sin obras es muerta, o la obra sin fe es obra muertas. Él se refiere a esa fe inquebrantable, de esa fe inamovible, de esa fe incorruptible, de esa fe que se aferra en lo que no se ve. Esa fe que el agua no puede destruir. Esa fe que el fuego no puede quemar. Esa fe que no conoce la obscuridad, o las tinieblas. Esa fe que lo cree todo a pesar de que no lo vea. Ahora ¿Cómo vas a llevar esa fe donde haya duda? La vas a llevar con tus hechos, y con tus obras. Tú ya sabes cómo es el carro de tus sueños, la casa de tus sueños, la pareja de tus sueños, el trabajo de tus sueños, la empresa de tus sueños, la compañía de tus sueños, el país de tus sueños, los viajes de tus sueños. Pero como eres una mujer, o un hombre de fe, la vas a poner trabajar a tu favor.

De ahora en adelante cuando te pregunten ¿dónde vives? Diles vivo en tal lugar en la casa de mis sueños, esa casa tiene espacio asta para poner una iglesia, aunque estés viviendo en un cuartito, o estas rentando, o arriendando. Pero cuando tú entras en este lugar donde tú vives, en vez de seguir luchando y esperando lo que no tienes, lo que vas hacer es entrar a este lugar y decir; gracias porque vivo en el lugar que tanto soñé. Claro que, eso no es una exageración es solamente la certeza de tu fe. Y cuando llevas a la persona con la cual estabas hablando de la casa, y te diga que exagerado(a) eres, mira a dónde vives y dices; que vives en tu casa de tus sueños. Nomás dile, lo que sucede es lo siguiente, porque tú no puedes ver más allá de tus narices, pero yo miro lo que tú no vez. El problema es que tu solo caminas viendo lo físico. En cambio yo camino por fe, y yo veo lo que tú no puedes ver, porque tú estás ciego, perdona que te lo digo, pero yo no. Y así cuando te pregunten a donde trabajas diles con gusto, trabajo en mi propia empresa. Y cuando se den cuenta que no trabajas allí, y quieran burlarse de ti solo diles, yo veo lo que ustedes no ven. Cuando entres a tu auto, o si es una chatarra como tú le llamas. Entra en tu auto y siente el olor del auto de tus sueños, cuando manejes ese auto, pon una sonrisa de oreja a oreja, y da gracias por tu auto nuevo, veras que tú lo llamaras y muy pronto lo obtendrás en tus manos. Tu sabes que la ley de la atracción si funciona, que tú eres un imán que todo lo que piensas lo atraerás a tu vida. Déjame recordarte que toda acción trae su reacción.

¿Quieres la pareja ideal, o la familia ideal? Busca retratos de matrimonios, y de familias, y pégalos en las paredes de tu casa, o de tu cuarto. Y da gracias por la familia perfecta que ya se ha hecho presente y que por fe ya tienes. y así sucesivamente todo lo que quieras aunque no lo tengas, as de caso que ya lo tienes. En vez de renegar, agradece por lo bello de la vida y solo agradece. Pero la clave para una persona con fe es, tiene que amar todo lo que tiene hasta ahora, el lugar donde vive actualmente, tiene que amar el trabajo que tiene ahora como que si ya estuviera en su propio trabajo. Tiene que amar el país que está ahora, tiene que apreciar el automóvil que anda hasta ahora. Si no eres capaz de amar lo que tienes o vez, ¿cómo pretendes amar lo que no tienes y no vez? lo que tienes que hacer es cambiar tu actitud hacia la vida, para que la vida cambie su actitud hacia ti. Sino cuidas lo que tienes y vez ahora, ¿Cómo pretendes cuidar lo que no tienes y no vez? Si no aprecias el trabajo que tienes actualmente ¿cómo pretendes amar y apreciar el que no tienes y no vez? Si no aprecias y amas la familia que tienes ¿Cómo pretendes amar la que no tienes? Sino limpias el hogar y no lo mantienes en buen estado el lugar donde vives actualmente ¿Cómo pretendes mantener así limpio y organizado el lugar que no tienes? Ama y precia todo lo que tienes, para apreciar lo que esperas por fe. La fe mueve montañas, la fe tiene poder de sacarte de lo ordinario, y ponerte en lo extraordinario.

La fe tiene el poder para sacarte de tu forma, y ponerte en la trasformación. La fe tiene el poder de hacerte caminar de nuevo, la fe tiene el poder para hacerte ver la vida con amor otra vez. La fe tiene el poder de sanarte de esa enfermedad. La fe tiene el poder de transformar tu familia. La fe tiene el poder de quitarte ese vicio, esa adicción, ese hábito. La fe tiene el poder de transformar a tu conyugue como la persona que tanto soñaste. La fe tiene el poder de subirte de puesto. La fe tiene el poder de darte las ganas de terminar tu carrera. La fe tiene el poder para escalar nuevamente esa montaña que se burló de ti. La fe tiene el poder de hacerte ganar tus millones que quieres. La fe tiene el poder de sacarte de la Ruina. La fe tiene el poder de ser más caritativo. Con la fe si tú quieres y te decides, te abrirá las puertas que no te imaginas. La fe tiene el poder de sacar agua del desierto. Solo levántate la vida esta para servirte, la llave que necesitas para abrir la puerta ya la tienes y se llama fe. Esperanza es que algo suceda, la fe es creer que va a suceder, y la valentía es hacer que suceda, cree a pesar de no ver, porque eso es fe. Confía a pesar de no esperas una respuesta, porque esa respuesta va a llegar sigue confiando, nunca te canses de esperar, porque lo que para ti llega tarde, para el ser superior llega en el momento exacto (San Agustín de Nipona). Dijo fe es creer en lo que no se ve. Y la recompensa es ver lo que no se cree. La fe ve lo invisible, cree lo increíble, y recibe lo imposible............ágamos una pequeña plegaria.

Señor te ruego, que me ayudes a cultivar mi fe para no ser como las olas del mar: agitadas y llevadas a un lugar a otros por el viento y el mar. Ahora confirmare que lo que no veo ya lo tengo, y lo que deseo ya lo he recibido. Amen.

6

Donde haya error, lleve yo la verdad.

Ahora como veras, vamos a hablar de esta palabra la verdad y el error. Donde haya error lleve yo la verdad mejor dicho, donde haya mentira sea yo el instrumento de la verdad, y que la verdad salga a la luz. El error, y la mentira. Estas palabras parece que hoy en día reinaran en nuestro corazón, en nuestra familia, en nuestro trabajo, en nuestro matrimonio, en nuestras escuelas, en nuestro país, en nuestro mundo de hoy. ¿Pero que es error o que es la mentira, o la vedad cubierta con la mentira o que es lo que tanto nos separa la mentira de la verdad? la palabra mentira es una fuente muy poderosa, que sin control, nuestra vida se derrumbara, dime tu. ¿Cuándo has visto una persona, un matrimonio, una familia, un trabajo, una colona, estado caserío, o país que haya florecido, o haya salido adelante con la mentira? claro que no. tu vida con la mentira y sin la verdad colapsa, te doy mi palabra.

Empecemos con migo, con el yo profundo, como tipo de reflexión, tipo meditación. Pensemos un momento, o hablemos de primeras personas. Piensa por un instante ¿cuantas veces te has mentido a ti? ¿Cuantas veces te has engañado a ti? ¿Cuantas veces te has manipulado tú? ¿Cuantas veces, en vez de decir la verdad mentiste porque te convenía? y ahora vez las consecuencias que no son tan buenas solo por decir una mentira. Lo hiciste solo por conveniencia. ¿Cuantas veces has engañado a tu mente, o mejor dicho cuántas veces te has engañado a ti mismo sin pensar en los demás? Que cuando mentiste sabiendo tu que era mentira tu consciencia te reclamó y te dijo que eso era mentira, y tú en vez de detenerte lo hiciste sin importar las con secuencias. Mas sin embargo tú fuiste contra la corriente y forzaste a tu mente a creer que lo que estabas haciendo o diciendo, era verdad, al final de todo tu consciencia no encontró salida alguna, y terminaste creyendo que lo que estabas haciendo o diciendo, era verdad. ¿Será que nunca ha pasado contigo? Si no. te felicito, porque hasta acá temo pensar que no vives en mi mundo, tal vez vivas en otro planeta más sofisticado que este. Pero si no es así que bueno no te preocupes, por eso estás leyendo estas líneas porque todavía hay esperanza para ti. Y yo estoy aquí escribiendo y echando cabeza a lo que tú necesitas saber de la vida y como conquistarla. Bueno. Eso es contigo ¿y qué hay de los demás? Recuerda que donde habita el error o la mentira, no puede habitar la verdad, porque no se llevan de la una con la otra porque son enemigas. Ahora pensemos, mejor dicho, mientras vas leyendo estas líneas, ve pensando cómo está tu interior. Recuerda que la vida, es de adentro para afuera.

No de afuera para adentro, porque lo que fluye de afuera para adentro no es vida solo son ilusiones. ¿Cuántas veces en la vida tú has cometido el error de lastimar a los demás solo por satisfacer a tu ego? ¿Para qué te hago esta pregunta? Te hago esta pregunta para que tú, personalmente tomes la decisión de indagar tu propia vida con la ayuda de mis escritos. Yo como escritor mi responsabilidad es de hacerte ver el problema y buscarle la solución, pero yo no puedo tomar la decisión en tu vida, de cómo vivirás, o como deberías de vivir, eso es responsabilidad tuya, es cosa confidencial que solo tú lo puedes hacer. ¿Cuántas veces en la vida les has mentido a tu pareja, a tus padres, a tus hijos, a tu familia, a tus empleados, a tus compañeros de trabajo, a tus compañeros de escuela, a tus amigos, a tus socios, a tu jefe, a tu suegro, a tus yernos, a tus nietos, solo para satisfacerte tu miso y dijiste es una mentirita, de esas mentiras piadosas? Porque por mucho tiempo nos han transmitido este mito que dice, nomás es una mentira piadosa eso tiene perdón ¿es eso verdad? Bueno, si es verdad dime tu, agarra una semilla de espinos la más pequeña que este, o una semilla de cualquier monte que tu no quieras en tu tierra, y dime, es solo una semillita, y después de haberme dicho la palabra, siembra esa semilla en algún lugar de la tierra y sigue diciendo ah es solo una diminuta semilla ¿porque tengo que preocuparme? No hay nada porque estar preocupado es solo una pequeña semilla. Siémbrala y luego auséntate por varios días, o semanas. Y luego de un tiempo regresa a tu tierra y veras tu semillita que sembraste hace unos días. Ahora esa diminuta semilla que tu decías que era, ahora ya echó raíz y en unos días va a florecer, y muy pronto esa semilla que hace unos meces era una diminuta semilla, ahora se te está volviendo un dolor de cabeza. Porque ahora, no solo es una de minuta semilla, sino ahora son cientos de semillas, y ese cientos de semillas dará más y más, si no lo combates a tiempo vas a echar a perder ese terreno porque ahora ya hay mala hierba que son los espinos. Lo único que tienes que hacer, o una cosa de las que puedes hacer es quemar el terreno, Pero ni quemándolo las semillas se terminaran.

Como veras, en esta pequeña comparación de la semilla de espinos en la tierra. La tierra es tu mente la que dirige tu vida, y la semilla son tus palabras. Que dependiendo de tus palabras eso es lo que tu mente recogera como verdades. Como vez, que no importa el tamaño de la mentira que sea, todo da su fruto tarde, o temprano. Tú sabes que los grandes triunfos, o los grandes fracasos, empiezan con pequeñas semillas diminutas, o pequeñas mentiras. Los cambios grandes están sementados en los pequeños cambies diariamente.

Ahora que ya tienes idea de lo poderoso que son los pequeños cambios. Pues es hora de empezar a caminar donde muy pocos se atreverían a caminar. Hay que empezar a hacer el cambio poco a poco para ser el instrumento de la verdad.

Aquí hay que mencionar un versículo de las sagradas escrituras como lo es. Mateo 5:37 digan si cuando es si, y no cuando es no otra cosa que se le añada viene del demonio.

El maestro entendió bien el significado de la siembra y la cosecha. Mira mi amigo no hay mentira pequeña o grande, todo es mentira con tal que no tenga la verdad, y que esa verdad esté involucrado con la mentira, por ejemplo. cuando te preguntan ¿Qué horas son? Posiblemente son las 7:30 am. Pero tú dices bueno diré que son las 7:28 A m.

Al fin y al cabo que dos minutos no es gran cosa. Y si fueran las `7:28 am. Pero como tú quieres y estás acostumbrado a no dar la hora exacto, le dices mire son las 7:30 am. Dices tú, dos minutos no es nada no le daré la hora exacta y no pasa nada. ¿Dime tu qué hay de verdad aquí? No hay nada, lo único que hay es costumbre y así poco a poco se va construyendo un castillo de mentiras, hasta que tú mismo te pongas la soga al cuello.

De ahora en adelante, compromete contigo mismos de ser el instrumento de la verdad, no de la mentira, o del error. Lleva la verdad cueste lo que cueste. Porque esa verdad te va a conducir a tus sueños, a tus metas, a tus propósitos y a tus aspiraciones. Esa verdad es el avión, la verdad es el puente que te llevara al otro puerto. La verdad es el auto que te conducirá a la ciudad más famosa del mundo. La verdad es el yate que te llevara por los mares de la vida. La verdad es el avión que te conducirá por los aires celestiales, y de la diferencia. La verdad es el sillón que tanto esperas. La verdad es la puerta de tu hogar feliz. La verdad es la puerta a otros horizontes de la vida. La verdad es la que te va a conducir a tu norte. La verdad es la puerta hacia la felicidad. La verdad no es un camino, es el camino. La verdad es tu sol que te calentara en el tiempo de frio. La verdad es la que te refrescara en el sol caluroso. La verdad es lo que te hace falta para seguir trotando. Por eso te sientes cómo te sientes, adolorido(a) porque alguien en la vida, o alguien en tu vida faltó a esa verdad; ahora lo que tienes en tu interior es desconfianza.

Le pusiste tanta importancia que ahora lo único que haces es llorar y gritar por dentro, y ahora estás muriendo, no eres feliz con alguien ni nadie. Te alegras cuando consigues algo de tu agrado, y en los pocos días vuelves a caer en lo mismo. Prometes ya no volver a hacerlo y lo haces. Claro que no se lo prometes a alguien más, es más nadie sabe lo que a ti te pasa, porque después de todo ya no confías en nadie. Te lo prometes tú, en lo más profundo de tú ser, y lo vuelves hacer una vez más. O te prometes que vas a hacer tal cosa y lo único que pasa es que se queda en palabras y en pensamientos. Y cuando te das cuenta que no puedes lograr lo que quieres, o lo que no quieres, te sientes que eres una miseria, crees que eres un(a) miserable, y te desprecias tú mismo aunque nadie lo sepa. Te preguntan por la calle, en tu trabajo, en la escuela, ¿cómo estás? y tú con una sonrisa en el rostro respondes, bien; muy bien.

Pero realmente nadie sabe lo está sucediendo dentro de ti ¿Por qué? Tal vez porque no tienes a nadie de fiar para compartirle lo que sucede, o simplemente tienes miedo que sepan quién tu eres. Ya estás acostumbrado(a) a aparentar y ahora no estás dispuesto(a) a ser transparente con nadie, porque antes lo fuiste y te engañaron, se burlaron de ti, traicionaron tu confianza, se pasaron sobre ti y te pisotearon. ¿Por qué? Porque, el mundo así trata a la gente. Tú quieres que el mundo te trate bien, pero no enseñas como hacerlo. mejor que tu personalmente, tomes la iniciativa de tratarte bien tú, en vez de que los demás lo hagan por ti. Claro que ahora mi recomendación es que, empieces contigo. Ya intentaste todo y nada funciona ¿no? Porque no en vez de decir ¿Qué es lo que pasa con el mundo, porque me trata así? Pregúntate ¿Qué es lo que pasa en mí, porque me trato así, seré el problema yo? Ahora inténtalo contigo, te doy mi palabra de honor que tú eres la respuesta a todas tus preguntas, tu eres la verdad. Tu eres el que ahora decides que hacer. Vamos, tú puedes. Tú ya no puedes seguir allí como estas. Entonces vamos, tú tienes sueños que cumplir, metas que alcanzar, promesas que cumplir, propósitos que alcanzar. Levántate, tú eres el porqué de esta vida, tú tienes que moverte, porque si no lo haces ¿dime quien lo hará por ti? Nadie, si no eres tú, quien, sino es ahora cuando.

Aste estas preguntas si no soy yo ¿Quién? si no es ahora ¿cuándo? si no es aquí ¿Adónde? todo empieza mejor dicho, la verdad empieza donde tu estas no donde tú no estás, y tampoco en lo que quieres tener. Eso no existe, todo empieza aquí y ahora, no hay vuelta atrás aquí y ahora. Ve por lo tuyo, ve por tus sueños, nada más escucha tu intuición. En mi punto de vista, tu intuición es Dios hablándote. La oración te comunica a Dios, pero Dios se comunica contigo otra vez de tu intuición, y a través de tu espíritu, o mejor dicho, a través de tu yo profundo. Para que te transformes en el instrumento de la verdad, tienes que ser todo tu ser verdad mejor dicho, la verdad tiene que reinar en ti aunque te duela. Aunque en un principio correrán lagrimas por tus mejías. Aunque en un principio, te sentirás un desastre, pero esa verdad aunque sea tan pequeña, un día veraz sus frutos y dirás, valió la pena haber dicho la verdad. Te alegraras cuando empieces a cosechar los frutos, de esa pequeña semilla que has sembrado. Como tú muy bien sabes, esa semilla de ahora en adelante se llama la verdad.

Mi querido(a) lector revístete del coraje, y de la valentía de decir lo que el maestro dijo.

Juan 14:6 Jesús contestó: yo soy el camino, la verdad y la vida.

Para ser, o transformarte en la verdad de hecho ya lo has hecho, sino lo has hecho ¿Qué esperas? Tienes que ser vida y ser verdad. De ahora en adelante empieza a decir, yo soy el camino. ¿Cuál camino? El camino de lo sobre abundante, de lo invisible, de lo puro, de lo santo, de lo verdadero. Empieza a decir, de ahora en adelante yo soy la verdad. ¿Cuál verdad? La verdad que dice la verdad, no tienes que hablar para que sepan que tú eres verdad, solo es cuestión que tu tengas consciencia de ello, nada más que la verdad sin rodeos, y sin excusas. Revístate de la actitud de decir, yo soy la vida ¿Cuál vida? Esa vida que es vida, que todo lo que toques se torne en vida, y en todos los caminos que trajinas dejes vida. Cualquiera que te mire pueda decir, en esta persona si hay verdad, si habita la vida, esta persona es digna de imitación, es digna de seguirla; porque puedo sentir que esta persona no usa máscaras y es auténtica, estoy seguro(a) que no me perderé.

Cuando tú digas yo soy el camino, para los ciegos. Yo soy la verdad para la duda. Yo soy la vida para la muerte. No necesariamente tienes que decirlo a todo el mundo o Raimundo, o gritarlo a los cuatro vientos, claro que no. Todo eso, lo puedes repetir en silencio, en tu mente. Yo soy el camino, yo soy la verdad, yo soy la vida. Solo(a) tu sabes que tienes en tu mente, y que es lo que habita allí. Y la fuerza espiritual o la energía espiritual que todo lo conoce, lo hará visible a todas las personas, y ellas notaran que todo tu ambiente radica de una energía positiva. Verán que todo camino está en control. Y te aseguro que te preguntaran ¿Cuál es el secreto por la cual tu estas así? Y en ese momento cuando te visiten sentirán el secreto, y ya lo demás es historia. Porque esa verdad que habita en ti, no solamente trabajara con tus propias fuerzas, sino que tendrás el respaldo espiritual. Estará el respaldo de tu fuente, tendrás el respaldo de tu creador y por fin eres un instrumento de la VERDAD.

Ágamos esta plegaria al altísimo, al creador, al espíritu, al omnipotente, al omnisciente, al omnipresente el único rey todo poderoso.

Señor, te pido que abras mis ojos y mi corazón a fin de que pueda recuperar la verdad sobre mi vida. Permíteme a resistir la tentación de creer en las mentiras, que reprimen la expresión de mi vida y de mi amor. Concédeme la voluntad necesaria para resistir la tentación de creer en las mentiras de los demás y de las mías, que solo crean venido. Emocional en mi corazón. Permíteme ver lo que es y lo que quiero ver. Permíteme oír lo que es y no lo que quiero oír. Ayúdame a recobrar mi consciencia para que pueda verte en todo lo que percibo con mis cinco sentidos. Permíteme percibirte con los ojos del amor, para que pueda encontrarte donde quiera que valla y verte en todo lo que has

creado. Ayúdame a verte en todas y cada una de las células de mi cuerpo, en cada emoción de mi mente, en cada persona con la que me encuentro. Permíteme verte en las flores, en el agua, en el fuego, en los animales y en las mariposas. Estas en todas parte y yo soy uno contigo. Permíteme ser consciente de esta verdad. Permite que todo lo que haga y diga hoy sea una expresión de la belleza de mi corazón. Permíteme ser consciente de la belleza y la perfección de todo lo que has creado, para que pueda vivir en amor eterno contigo. Gracias señor por crear un sueño del cielo en el que todo es posible, empezando por hoy utilizare el poder de mi amor para crear una obra maestra, como lo es, mi propia vida. Y que sea capaz de en vez de llevar error o mentira, que sea yo que lleve la **"VERDAD AMEN"**

⑦

Donde haya desesperación,
lleve yo la alegría.

Donde hay desesperación, es donde realmente ya no hay fe, esperanza, y verdad, y solo hay tristeza. Porque en este tipo de situaciones es cuando la depresión inicia. La depresión una fuerza espiritual maligna, es una energía que carcome los huesos, las células, y todo el cuerpo. Por ejemplo. Francisco se dio cuenta de esto hace décadas, el experimentó esa desesperación mejor dicho, la perdida de la esperanza, ¿eso es malo? claro que no.

Eso no es malo, lo triste y lo peligros es que si la depresión se instala en tu corazón, eso es lo más difícil. Cuando la desesperación se instala en una persona eso sea por dinero, pobreza, Riqueza, deudas, estudios, problemas familiares. Problemas matrimoniales, discusiones, o malos entendidos en el trabajo. O puede ser que sea por las creencias, y digas, yo tengo diferentes creencias que tú, u otro clero y mi trabajo es pelear para que todo mundo se haga de tal religión. Entonces esa mala yerba ya instalada en ese lugar, entonces, hace estragos con la vida de esa persona.

Ya el estado de esa persona ya no es el mismo, cambia su carácter, sus emociones, su actitud, su estado de ánimo disminuye, su auto estima seba por los suelos etc. Esto podría llamarle, espíritu que se ha apoderado de este hogar, y de ese ego. Ya no hay alegría, paz, vida, verdad, mansedumbre, sencillez, astucia, perdón, contemplación, ternura, ya no hay sosiego todo se ha tornado en caos. La desesperación es como un animal. Y es como este tipo de animal que esta suelto en la selva, y cuando encuentra un hogar, entonces se queda allí quieto. Yo lo veo como una gran enfermedad que mata si no se logra de controlar, no solamente el cuerpo, sino también el alma. Es como la serpiente, para que entre a tu hogar es fácil, pero ya cuando está adentro de tu casa, lo más difícil no es encontrar a la serpiente, lo más difícil es poder sacarla de la casa. Si no te cuidas te puede morder y te deja el veneno, y ve tu como te quitas el veneno de encima. El veneno se tiene que quitar rápido porque no hay tiempo que perder, porque el veneno se está derramando por la sangre, la hemorragia no se detiene.

Y por un instante serás devorado por este depredador (la serpiente).

Así yo veo la desesperación, porque la persona desesperada puede manejar en alta velocidad, sin preocupación a lo que suceda. Y esta persona así en la calle es un peligro para los peatones. Esta persona puede salirse de noche sin importar las consecuencias. Una persona desesperada es como un animal feroz que le ha arrebatado su presa de la trompa a otro animal, y va por ella, porque está furioso y hambriento. No tiene control, se enoja con todos, pelea con todos, molesta a todos, se enoja por todo, y discute por todo. Cree que no le tienen paciencia, cree que para los demás él no vale nada etc. Busca ayuda, pero pidiéndole a Dios no encontrarla.

Te voy a compartir una pequeña historia que me sucedió a mí personalmente, de hecho con una persona desesperada, que al final no puso de su parte, no pudo más con la desesperación, que las palabras que le transmití no valieron la pena.

Hace un tiempo tuve la oportunidad de hablar con un joven como de (22 años de edad). El me llama y me dice que quiere hablar con alguien, y ese alguien era yo. Yo con mucho gusto acepté hablar con él. Quedamos en el lugar y la fecha y el día. Dicho y hecho, nos vimos en el lugar que aviamos quedado. Y me dice, que está muy desesperado. Y le pregunto ¿Por qué estas desesperado, cual es lo que te aflige? Y él me dice. Fíjate que en mi comunidad no me aceptan tal como yo soy, y no tengo trabajo, no tengo adonde vivir, y no tengo adonde poder ir a Rentar, y tengo muchas deudas y ya no sé qué hacer. Me siento que estoy viviendo en cuatro paredes, que ya no sé qué hacer, he luchado mucho tiempo, pero por lo que veo no hay ningún cambio hacia mi persona, ya no hay cambio hacia mi vida interior, no sé qué hacer necesito un trabajo pronto. Yo me le quedaba observando mientras él me explicaba eso, y me parecía una persona sana sin vicios, sin ningún mal hábito, a lo Referente a lo que consterne a lo dañino para su cuerpo.

Cuando el finalizó su relato, o el discurso que obviamente tenía que escuchar yo. En ese instante me di cuenta que él estaba padeciendo de esta enfermedad llamada desesperación. Me dirijo a él y le digo, mira, todo lo que me estás diciendo es completamente negativo. Solo fíjate cómo estás hablando, todo lo que me estas expresando de tu ser es negativo. Pero bien, déjame ver qué puedo hacer. Solo Recuerda que el cambio lo tienes que hacer tu para ser portador de la alegría. Lo empecé a conseja, y él estaba muy animado. Y cuando regresaba a la casa, le ensuciaban la mente una vez más, y volvía a desesperarse. Y luego nos veíamos seguido para charlar. Cuando nos reuníamos, él estaba lo mismo. Y le digo ¿Qué te sucede cual es el ambiente que te rodea? Y él me dice, fíjate que el ambiente donde estoy es muy negativo y yo no puedo despegarme, y me está costando, porque tu animación, me anima mucho, pero cuando llego allí vuelvo a caer. Para no hacerte muy larga la historia, la desesperación lo llevo a la muerte. Esta historia lo explico detalladamente en mi libro titulado. Cambia tu forma de pensar, para que cambie tu forma de vivir.

La pregunta es ¿qué te sacas con preocuparte? El maestro entendió bien esta desesperación y preocupación. Él nos habla en un versículo de las sagradas escrituras, que tiene mucho que ver con lo que estamos hablando. Y él también nos da la clave para que estemos en calma el día de hoy. Porque lo que más importa es el hoy, el presente, eso es lo que cuenta. El ayer ya paso. Y por consiguiente los problemas de ayer, dificultades de ayer, frustraciones de ayer, penas de ayer, lutos de ayer, tristezas de ayer, perdidas de ayer, victorias de ayer, ya pasaron. Sea lo bueno, o lo malo que haya pasado ayer. Cuando digo, malo no me refiero al pecado, al malo, o al diablo, no. Como muchos lo mira, o lo catalogan. Cuando hablo de lo malo, me refiero a lo que tú miras como lo malo. Como son las expectativas de tus circunstancias, pero al final si te das cuenta. Déjame te digo que no hay problema que no sea una bendición, porque todo pasa nada más y nada menos que para bien de los que se portan bien. Pero lo que tú decides que pase, y lo que tú decides retener, eso queda haciéndote la vida de cuadritos, o haciéndote la vida mejor. Antes de compartirte un versículo de las sagradas escrituras. Quiero comentarte, o compartirte una pequeña anécdota, y te darás cuenta que todo pasa en la vida para bien, y en la vida de todos. Te cuento que ni el día de mañana no sabrás si llegara. Podríamos decir que el día de mañana no existe para ti, ni para mí.

El Diamante y el Anillo del Rey:

En cierta ocasión. Un rey mandó a llamar, a todos los sabios de la corte y les dijo. "he enviado a fabricar, un hermoso anillo con Perlas finas, con uno de los mejores fabricantes de lugar. Deseo que ese anillo, me sirva para guardar, o esconder dentro de sí, un pequeño mensaje de motivación que me puedan ayudar, en los momentos de circunstancias, o en los momentos difíciles. Que yo el rey; pueda leerlo en momentos de que esté desesperado. Me gustaría que esas palabras me sirvan el futuro de mi vida y también ayudasen a mis herederos y a mis nietos, y los herederos de mis nietos. Pero les recuerdo que ese mensaje debe de ser pequeño. Por qué debe de caber debajo de las perlas de mi anillo; les estoy hablando de un mensaje pequeño, de unas dos o tres palabras". Todos los que habían escuchado lo que el rey anhelaba; eran por supuesto grandes sabios, y eruditos de ese lugar que podrían haber escrito grandes libros, o grandes tratados para esta época. Pensar en unas palabras de motivación de dos o tres palabras que cupiera debajo de las perlas del anillo; "era imposible", pensaron. Se decidieron buscar en su literatura fisiológica, para poder encontrar algo para satisfacer los deseos de aquel poderoso y ricachón rey.

Próximo al rey, había un sirviente que lo amaba mucho; este hombre que le había servido también a su padre, lo atendido cuando su madre había fallecido; era tratado como uno de la familia, disfrutaba del respeto de todos en el Palacio. Por ese motivo, también le quiso consultar lo que él deseaba, y ese hombre le dijo: "No soy inteligente, ni erudito, ni un filósofo, ni un estudiado, ni un universitario, pero entiendo cuál es el mensaje que quieres Señor mi rey". El rey le dice ¿"cómo es que sabes lo que yo quiero"? Preguntó. El majestuoso rey. El hombre contesta, "desde el tiempo que tengo viviendo en el palacio, he tenido el privilegio de encontrarme con todo tipo de personas; y en una ocasión me encontré, con un invitado de tu padre. Yo estuve a su servicio y cuando nos dejó, yo me dirigí con él hasta la puerta; como gesto de agradecimiento hacia mi persona, me dio este mensaje". En ese instante anotó en un pequeño papel, el tal mensaje, lo doblo, y se dirigió al rey, con ese mensaje; pero le dijo al rey, "mantenlo oculto, o guardado en el anillo solamente léelo, o ábrelo sólo cuando ya no encuentres salida de una circunstancia".

Por supuesto, que ese momento no fue tarde para que se hiciera presente: el país de dónde era el rey, fue invadido y todo su ejército fue amenazado; y él cuando ya no encontró salida, se fue a huir. Agarró un par de caballos, y se fue con su sirviente a salvar su vida, mientras que los enemigos lo perseguían. En un instante mataron al sirviente, y se encontró en un lugar completamente solo. y el enemigo iba detrás tratando de alcanzarlo. En ese instante se dio cuenta que el camino terminaba que ya no había salida del camino, enfrente de él habían unas piedras y abajo un río, y caer por él sería fatal. Él no podía retroceder, porque los enemigos le tenían cerrado el camino. Podía escuchar el ruido de los caballos, podía escuchar lo que decían los enemigos; no muy lejos de él los enemigos estaban en busca de él, en ese instante cuando ya no encontró salida se acordó del mensaje que tenía bajo las perlas del anillo, sacó el pedazo de papel lo abrió muy despacio y ahí encuentra un mensaje con unas pequeñas palabras. Tremendamente fue un poderoso milagro para el momento que el rey estaba pasando en el papel se lee, **esto también pasará.** En ese instante; fue consciente de un gran silencio que se apoderó de él, que jamás en la vida había sentido tal silencio. Los enemigos que andaban casi cerca, posiblemente se perdieron, o tal vez se equivocaron del camino. La verdad es que, el silencio era tan inmenso que ya no escuchaba el ruido de los caballos, ni las voces del enemigo. el rey se sintió completamente agradecido al creado, y al maestro desconocido. Ese pequeño mensaje había resultado un milagro, doblo el pequeño papel lo volvió a guardar debajo del diamante del anillo: reunió nuevamente a su gente, y conquisto una vez más su reino. En ese día cuando estaba victorioso en el palacio, hubo una gran fiesta, con baile y música etc.

y el rey se sentía victorioso. De nuevo el anciano estaba a la par de él y se dirigió al rey con estas palabras. "Su Majestad ha llegado el momento a que lea una vez más lo que está en el papelito que tiene debajo del diamante del anillo" "¿qué es lo que me quieres transmitir"? preguntó el rey; no te das cuenta que ahora estoy en un momento de victoria; todo el mundo celebra mi retorno, hemos vencido a los enemigos". El anciano nuevamente se acerca al rey y le dice, "escucha este mensaje no es solo para esos momentos de circunstancias, también es para momentos placenteros y victoriosos, no es sólo cuando te derrotan, también es cuando tú estás ganando, o estás en el trono; no es sólo cuando eres el último, sino que también para esos momentos qué tú eres el primero. El rey entonces, obedeciendo a las palabras del anciano, saca el mensaje, ahora en este momento de euforia y alegría, el Rey lo lee en voz alta; **esto también pasará.** En ese momento sintió el mismo silencio qué sintió, haya cuando estaba a punto de ser asesinado por sus enemigos.

Ahora, cuando está en medio de la muchedumbre, y celebran, siente el silencio, pero el ego, el orgullo, y el placer habían huido, habían desaparecido. En ese momento el rey, comprendió el mensaje que había anotado en el papelito, el mensaje que aquel sirviente le había transmitido a través de estas pequeñas palabras, lo malo y lo negativo, es transitorio cómo lo bueno. Entonces, en este momento el anciano le dijo al rey; "Recuerda su majestad, que todo pasa en la vida, nada, ni ninguna emoción se queda; como la noche, como el día, como el amanecer, como el anochecer, como en los momentos de alegría y momentos de desesperación, o de tristeza:

acéptalos como parte del paquete de la dualidad de la naturaleza". Porque no es nada más, ni nada menos, que la misma naturaleza hace las cosas, porque todo no es en vano, todo tiene su propósito y todo pasa para bien, todo lo bueno pasa, y todo lo malo pasara.

Moraleja:

La moraleja de esta historia. es que todo pasa en la vida mi amigo y mi amiga, tu que estás leyendo estas líneas en este momento, esta historia no es solamente casualidad que la estés leyendo, sino que hay un mensaje que será transmitido, o se está transmitiendo a través de estas pequeñas líneas que te he transmitió en este momento; que todo pasa en la vida, sea lo bueno, sea lo malo, o sea lo negativo, sea lo positivo, sea algo bueno hacia la familia, lo bueno hacia los amigos, lo bueno hacia el trabajo, hacia la pareja todo pasará; pero hay una cosa que no pasará es, el amor. Eso no pasará; todo pasa, lo bueno pasa, lo malo pasa, la pobreza pasa, la riqueza pasa todo pasa. Te motivó en ese momento para qué tomes conciencia de que nada permanece en la vida, nada se queda en la Vida, todo lo que compras aquí en esta tierra nada se queda, todo desaparece, termina o cambia de dueño, o se va para otro lado, pero no queda contigo, jamás hasta tú y yo un día finalizaremos nuestro paseo en esta tierra. Nuestra peregrinación será otra, ya seremos historia, seremos como dice el salmo o el salmista. Seremos como el humo que ahora salió y mañana no sabemos adónde se fue. Seremos historia pero lo más importante es la huella que dejes; el amor, el cariño y quién realmente crees que eres en esta tierra. Así que todo pasara en esta vida.

Esta historia talvez no te ayude mucho. Pero déjame decirte lo que nos dice el maestro Jesús. *Mateo 6:34 no se preocupen por el día de maña pues, el mañana se preocupara por sí mismo, a cada día les bastan sus problemas.*

Mi querido(a) lector, déjame te digo en esta instante, que de que te sirve preocuparte. ¿De nada verdad? Si está lloviendo de qué te preocupas, esa lluvia pasara. Siesta nevando de qué te preocupas. Si estás enfermo(a) de que te preocupas. Si estás en problemas de que te preocupas. Si tienes dificultades en la escuela de que te preocupas. Si tienes dificultad con tus padres de que te preocupas. Si no tienes trabajo de que te preocupas. Si el trabajo que tienes no es suficiente para lo que quieres conseguir, de qué te preocupas. Si tienes deudas de que te preocupas, y si no las tienes para que te preocupes. Nada puedes cambiar con preocuparte, nomás lo que te estás ganando es una enfermedad. Qué paso ¿puedes hacer algo al respecto con preocuparte? ¿Podrías cambiar el color de tu cabello con preocuparte? ¡Verdad que no! Enfócate hoy, solo por el día de hoy. Hoy es lo que importa en tu vida, hoy es tienes que ver cómo te sientes ¿quieres triunfar en la vida, quieres tener éxito en todo lo que emprendes? Pues bueno. Pone de tu parte entonces para ser el instrumento de la alegría, hay que ser alegría, es más, no solo instrumento conviértete en alegría. Aunque te digan que estás loco, o de mente, está bien, solo sigue haciéndolo bueno, y repite si lo puedo hacer.

Y ríete en la cara del mundo. Alégrate de ti mismo, no hay nada más lindo que reírse de uno mismo, no esperes que alguien lo haga para que te sientas bien, al contrario, espera alegría te ti para alegrar a los demás. No esperes a alguien para que te contagie con su vida, al contrario, espera a alguien para contagiarlo con tu alegría. No esperes a alguien para que te anime, al contrario, espera a alguien para animarlo. No esperes a alguien para que te diga si se puede levántate, al contrario, espera a alguien para decirle si se puede levántate. No busques la alegría con los demás porque no tan fácil la encontraras, al contrario, busca a alguien de los demás para alegrarlo. Cuando hagas tus plegaria no le pidas a Dios que te de alegría, al contrario, dile que te ponga a alguien en tu camino para alegrarlo. Regala sonrisas, tú nunca sabes a quien podrás salvar con una sonrisa. Tampoco sabes quién sanara solo con una sonrisa. No sabes a quien le alegraras el día, y va a decir al verte reír, mi momento cambio. Pero no esperes que ellos vengan a ti, tú ve a ellos.

Finalizando este tema, finalizo con esta metáfora sin duda alguna es para ti querido (a) lector. Cuando escuche por primera vez esta metáfora, cambio mi vida por completo, y cambiaron mis expectativas hacia la preocupación.

Desesperado e desesperada:

Eso es para ti, mi querido lector.

En todas partes, oirás hablar de problemas, de conflictos, de guerras, de destrucción, en todo el ámbito de la palabra, y más dificultades y problemas. No te desesperes, no te desesperes y no te desesperes. De repente despierta el conflicto de un país, a otro país. Y te mandan a defender tu propia patria, podría suceder una de estas dos cosas. Qué te obliguen a defenderla, o que no te obliguen. Y si no te obligan de qué te desesperas, y si te obligan a defenderla podría suceder una de estas dos cosas. Qué te obliguen al frente de la guerra, o que te pongan en una distancia de ella. Si estás en una distancia de la guerra, entonces de qué te desesperas y si te obligan a estar al frente podría suceder una de esas dos cosas. Qué te lastimen, o que no te lastimen. Y si no te lastiman, podría suceder que sea de gravedad, o algo leve, si es algo pequeño de que te desesperas. Si te lastiman de gravedad, podrían ocurrir una de estas dos cosas, que te alivias, o que mueras. Si te alivias de qué te desesperas, y si te mueres de qué te desesperas.

Moraleja:

La moraleja de esta historia. Es que al preocuparte no vas a cambiar nada, ni vas a cambiar eso, no vas a cambiar el país, ni vas a cambiar tu trabajo, ni vas a cambiar todo lo que pase, o no pase en tu hogar, o con tu persona. No te preocupes o no te desesperes; la desesperación lo único que trae es enfermedades físicas, psicológicas, mentales, espirituales y corporales y familiares, eso es lo que te puedes estar ganando; por estar desesperándote por las cosas que no tienen significado, hay cosas que tienen significado, pero hay cosas que no: de nada te sirve desesperarte. Así es que mi desesperado y desesperada, ahora no te desesperes. Me estoy riendo cuando estoy escribiendo estas palabras, porque te estoy llamando mi desesperada. Porque alguna vez te has sentido desesperado o desesperada, o lo estás en este momento. Te recomiendo que la paz y la tranquilidad reine en tu vida.

Así que mi querido(a) lector, vamos, es tu decisión, ahora es el momento que te des cuenta que sirves para algo en la vida, y aquí en la tierra eres la persona para el cambio, para marcar el paso, para hacer la nueva brecha, para ser la luz de los ciegos. Tú eres los pies de los que no tiene pies, tú eres la voz de aquellos que no tiene voz. Tú eres la alegría para aquellos que no la tienen.

Ahora hagamos una plegaria. Señor, a veces me siento deprimido que no consigo establecer la alegría, líbrame de este cautiverio. Yo te agradezco señor por este poder liberador. Hoy expulso de mi todo espíritu de desesperación, de odio, de opresión de miedo, de auto piedad, de culpa, de falta de perdón, y de cualquier otra fuerza negativa que ahoga y tienen atado mi corazón, señor de ahora en adelante destruyo todas las cadenas que me atan. Yo reconozco que soy a fuente de la alegría, porque mi alegría eres tú. Hoy me comprometo con migo mismo para hacer el cambio en mi vida AMEN.

8

Donde haya tinieblas, lleve yo la luz.

Que interesante este punto, que donde haya tinieblas, que lleve yo la luz. ¿Te has dado cuenta que hay personas que tienen tantas ocupaciones que no se dan cuenta? ¿Y hay tantas personas que albergan tanta obscuridad, o tinieblas que lo Reflejan en el Rostro, y por consiguiente toda su vida es tinieblas?

¿Qué es luz? ¿Qué son tinieblas?

Ahora en esta lectura, leerás el significado, y cuándo es que afecta en nuestras vidas. En estas dos palabras hay una gran división, no se junta la una con la otra, donde está la oscuridad no puede estar la luz, y donde están las tinieblas no puede estar la luz. Están completamente divididas, por ejemplo. Imagínate en una habitación, mejor dicho, tu cuarto. Tu cuarto está completamente oscuro y tú quieres buscar tus pertenencias, o simplemente quieres recostarte un rato, pero no observas nada, lo único que piensas es llevar una lámpara, o encender una vela, o una candela pues. Cuando llevas cualquier objeto para eliminar la evitación, ¿qué pasa con esa habitación cuando tú prendes la luz? Simplemente lo que pasa es que, el lugar inmediatamente se ilumina por completo, y no hay oscuridad alguna. Al oscuridad se ha esfumando, ha desaparecido, ya no está en ningún lugar de la habitación, no se ve ya no está la oscuridad. Ya no reina la oscuridad, donde hace unos instantes reinaban las tinieblas, donde hace un instante lo único que tú observabas eran tinieblas, no había nada, solamente oscuridad y ahora llega la luz, esa luz que vence la oscuridad esa luz que se lleva todo lo que encuentra a su paso. Esa luz que cambio literalmente el ambiente, el panorama es otro. Esa luz que de un golpe es capaz de iluminar el mundo con su esplendor. Esa luz que trasciende el reinado de la llamada tinieblas.

Ahora con un suich tenemos luz, pero la pregunta es ¿Cómo puedes llegar para prender la luz? Puedes hacer algo como primeramente tienes que saber dónde está la clave. Si no sabes dónde está el suich, entonces pregúntale a alguien que conoce esa habitación, y te garantizó que esa persona te llevara allí sin problemas. O lo que puedes hacer es que te puedes ir tentando a ver si así lo encuentras con los ojos serrados. No hay de qué preocuparse si no sabes cómo llegar allí, seguramente abra alguien que tendrá ese conocimiento de donde está la clave, pero en todo esto tú tienes que tomar una decisión, buscas ayuda, o te quedas como estas, ese es tu problema.

Depende te tus fuerzas, o de tus debilidades. Eres luz, o tinieblas. Eres fuerzas, o debilidad. Eres amor, u odio. Eres orgullo, o humildad. Eres creyente, o escéptico. Eres santo, o malvado. Eres cielo, o infierno. Eres un ejemplo, o eres una vergüenza. Pero todo depende de ti no de nadie más, si quieres que los demás iluminen tu mundo, ¿porque no empiezas tú? ¿Por qué no das el ejemplo? Si quieres que los demás te amen, empieza tú. Si quieres que los demás te entiendan, empieza tú. Si quieres que tu conyugue te comprenda, empieza tú. Si quieres que los demás estén de acuerdo contigo, empieza tú. Si quieres que los de más te acepten tal como eres, empieza tú. Si quieres que los demás sean buenos, empieza tú. Si quieres que tus padres te apoyen, empieza tú. Si quieres que no te envidien, u odien, critiquen, rechacen, discriminen, molesten, adulen, maltraten, burlen de ti; que no se pacen contigo, o no te roben, da tú el ejemplo, es tu tarea y tu

Responsabilidad de llevar la luz ser portador de la luz. Es tu responsabilidad de prender el fuego, y echarle leña al fuego y encenderlo. Te estoy hablando de esa luz poderosa, de esa luz que arrastra todo lo que encuentra. Estoy hablando de esa luz que Rompe, que mata, que destruye, que es capaz de iluminar tu mundo completamente. Esa luz que quema. Estoy hablando de esa luz que el agua no puede mojar. Estoy hablando de esa luz que el fuego no puede quemar. Estoy hablando de esa luz que nada, ni nadie la puede manchar. Estoy hablando de esta luz que las tinieblas no pueden invadir, cuando tú ya eres portador de la luz, no solamente portador de la luz, sino que tú te transformas en luz, en medio de las tinieblas de este mundo.

Ahora conforme vallas leyendo vas a ir descubriendo que son las tinieblas. La pregunta del millón es esta ¿Cuáles son las tinieblas, o que son tinieblas? Por ejemplo hablemos, o interactuemos, indaguemos de las tinieblas de las religiones. En las religiones y sectas hay tinieblas. Estas tinieblas que son capaces de causar divisiones.

Estas tinieblas que son capaz de poner a Dios en la bolsa del pantalón y dejarlo donde quieran, o cargarlo y utilizarlo a su parecer. Especialmente los Religiosos, o los fundamentalistas. Que hace aseguran ellos tener la verdad. Los demás están condenados, o perdidos y esos van directamente para el hades o el infierno, más conocido. Que nuestra iglesia es la de Cristo, o nuestra iglesia es la de Dios, porque así nos lo dijeron, eso fue lo que nos transmitieron. Que yo soy cristiano y que tú no lo eres, o que lo mío es lo verdadero y lo tuyo es falso. Y así van por la vida haciendo diferencias de todo el mundo. De cómo se visten, como no se visten, que dicen, como lo dicen, para que lo dicen. Que si no oras te va pasar x cosa, y si lo haces te sucederá x cosa, porque lo haces, porque no lo heces. Las tinieblas ciegan a esas personas. Debo de aclarar que mi intención no es unir las iglesias, o desunirlas, o que se vengan a mi iglesia, o a mi religión que esta es la verdadera, claro que no. Lo que yo sé, es esa verdad que libera, esa verdad que lo hace a uno libre. Yo Respeto a todos por igual, Respeto sus creencias, Respeto sus dogmas, sus tradiciones, o culturas. Tú puedes ser cristiano, budista, musulmán, judío, mahometano etc. A mí no me molesta si eres creyente, o escéptico. Porque al final tu tomas tu decisión en que te quieres convertir, o quien quieres llegar a ser. Lo que te estoy diciendo es que sí, estoy a favor de la luz, a favor de la unidad, a favor de la paz, a favor de la humildad. Pero no me parece bien aquellos que dicen creer, pero lo hacen a su conveniencia. Lo triste es que las tinieblas han remado en su vida.

Lamentablemente no se dan cuenta lo que están haciendo, o porque lo están haciendo.

Estoy a favor de la unidad. Estoy a favor de Dios. Estoy de acuerdo con Dios estoy de acuerdo contigo. Pero molesta lo que sale de ti. Para que esa luz sea transmitida hay que ser la luz. Cuantas tiniebla hay en el mundo, que si eres Rico, lo vemos de una forma. Y si es pobre, lo vemos de otra forma. Si es de tal familia, lo vemos de una forma. Si es de tal país lo vemos de otra forma. Si es de tal lugar lo vemos de una forma, y si es de otro lo vemos de otra. Y si va a una iglesia lo vemos de una forma, y si va a otra lo vemos de otra forma. Etc. Y así nos vamos en la vida hablando. Una vez san francisco de asís le dijo a un compañero, vamos a predicar. Y salen, le dan una vuelta a la ciudad y vuelven a casa. El compañero le pregunto ¿y no que íbamos a predicar? Solo le dimos una vuelta a la ciudad y hemos regresado. Lo cual responde (san Francisco) ya hemos predicado, ahora ya toda la ciudad sabe que hay un Dios, porque tú y yo somos el reflejo de Dios. A hora te quiero compartir esta palabra que creo, va a seguir transformando tu vida, mejor de lo que ha hecho hasta ahora.

Juan 8:12 yo soy la luz del mundo.

Te hago una pregunta ¿te sientes capaz de decir lo mismo? Yo sé que tú tienes esa capacidad y hasta más. Dentro de ti hay una

energía que es tan poderosa que no tienes
idea. Yo sé que tú tienes la capacidad de
llevar amor donde no lo hay, y luz donde no
la hay. Yo sé que tú tienes la capacidad de
amar sin límites, de dar sin límites, de pensar
sin límites. Yo sé que tú tienes la capacidad
de servir a cualquiera. Yo sé que tienes la
capacidad de seguir subiendo esa montaña que
ahora estas subiendo. Yo sé que tú tienes la
capacidad de solucionar esa circunstancia que
ahora estas pasando. Yo sé que dentro de tu
yo profundo, hay un poder, un potencial tan
poderoso que te apuesto que ni tú tienes idea.
Tienes habilidades, destreza y mucho más. Hay
un movimiento dentro de ti, inexplicable que
ni tú te lo podrías explicar hasta ahora; hasta
que tengas la capacidad de explicarlo, hasta
entonces; te darás cuenta quien realmente tú
eres.

Tal vez has escuchado alguna vez esta
palabra no puedes, no tienes universidad,
no tienes un título, no tienes una carrera,
no tienes una familia, nunca alcanzaras tus
sueños. Esas metas no son para ti, te lo
digo porque eres mi mejor amigo, por eso
te digo que eso no es para ti, es para todos
menos para ti. Lo que pasa que para eso hay
que invertir dinero, y por lo que veo tú no
lo tienes. O te dicen, yo que tu ni siquiera
lo intento, yo que tú lo pensaría muy bien,
yo que tu aria otra cosa y no eso. O si no te

dicen, el que nace para maseta del corredor no masa. O si no te dicen, el que nace para tamales del cielo le caen las hojas. O te dirigen estas palabras, como lo vas a poder hacer mira tu país nunca sale adelante, incluso mira tu pueblo como esta, mira tú cantón, mira tú aldea, ¿qué puede Salí de ahí? nada bueno. Mira tú lugar donde tú vives, mira tu familia, ¿y así pretendes ser diferente? por favor no te engañes a ti mismo.

Esas son las palabras de las tinieblas, en cada esquina las encontraras y todo esto te ha venido afectando. Pero déjame te digo, que tan solo que yo te diga que tú puedes no basta. Lo que tienes que hacer es que tienes que creer, porque primero hay que creer para ver, no ver para creer. Y que definitivamente salgas de tu pocilga y vayas por tu galardón. Pero cree en ti, confía en ti, espera en ti, y háblate que si puedes hacerlo. Todo lo que deseas y necesitas esta alrededor tuyo, es cuestión de usar la cabecita. Lo que buscas esta tan cerca que como el suich para prender la luz esta tan cerca. Estas tan cerca de alcanzar tus sueños, solo esfuérzate un poco más. Solo da un paso más. Sierra los ojos y prende la luz, la clave es mueve el suich al encendido. Solo corre una mía más, solo trabaja una hora más, solo da lo extra eso es todo.

Vamos levántate agarra tu camilla échate la al hombro y camina, porque tú puedes. No solamente basta que yo te diga, es cuestión que tú lo hagas por tu propia cuenta. Vamos a Remar mar adentro con una plegaria.

Señor mío Ruego tener la paciencia para vivir las dificultades de la vida. Que pueda corregir mis errores, que no puedan destruir mi paz, y quitarme la fortaleza. Ayúdame a centrar mi vida en la luz, y en la esperanza, que yo pondré de mi parte para marcar la diferencia y dejar una huella nueva, y dar el paso que nadie ha podido dar. Aquí estoy dispuesto señor, para hacer lo que sea necesario para el cambio de mi vida AMEN.

9

Oh, maestro, haced que yo no busque tanto ser consolado, si no consolar.

Seguimos con esta poderosa oración, de nuestro amigo Franchesco, o san francisco el santo. Que no busque yo agradar a todo el mundo porque no podre consolarlos a todos, no lo creo. Esa maravilla que es un Regalo maravilloso, y la capacidad de poder hacerlo, solamente lo puedes hacer tú, la capacidad la conservas tú. (Según el diccionario de la Real academia española. Dice al respecto del verbo consolar. Aliviar la pena, o aflicción de alguien. Mejor dicho, hay que empezar a echarle un vistazo a tu vida, a tu ambiente, a tu panorama, a tu alrededor donde vives, y con los que vives. Que está sucediendo allí donde tu estas, o tu vida, o las circunstancias, o en las cuatro paredes donde tú vives. Cuando hablo de las cuatro paredes, no estoy hablando de donde pones esa caja que tú utilizas para vivir en esta tierra o mejor dicho, el instrumento donde tú vives, es decir, tu cuerpo. Si no sabes que tú eres más que tu cuerpo entonces tienes mucho que aprender. Si le pones un poquito de atención, y pones a trabajar tu cabecita. Veras que aquí el consolador significa aliviar. ¿Qué es aliviar? Bueno. Aliviar es una palabra que solo se la atribuimos a las medicinas, y doctores, o antibióticos. El sentirse bien es excelente. ¿Eso es todo? ¿Será que de este alivio habla esta palabra? claro que no. Esta palabra va más allá, es algo más profundo, algo más interior, algo más fuera de lo normal. Si le has puesto atención a tu ambiente, hay muchas personas que vienen con enfermas desde que nacen. ¿Cómo así? Esas personas desde que estaban en el vientre de su madre, recibieron maltratos, rechazos, gritos, incomprensiones, desilusiones, Cuando arribaron a este mundo, ya sus vidas eran completamente diferentes que como debería de ser. La vida de estas personas es un caos porque, conforme ellos iban creciendo, ellos tuvieron que aprendieron que hacer, que no hacer, que decir, que no decir.

Adonde ir, adonde no ir. Porque que caminos caminar, porque caminos no caminar. Que sueños tener, y que sueños no tener. Tienes que ser como x persona, o como tu padre, o como tu padre, tienes que hacer todo lo que ellos hicieron. Tal vez te dijeron cuando eras adolecente, que ciertas cosas podías hacer y ciertas cosas no. Y cuando ya tenías conocimiento de la vida, te decían de religiones; cierta Religión es la correcta, o la verdadera, y los de tal religión son malos o están mintiendo, por eso tienes que ir adonde tus padres te digan.

Déjame te digo que la vida es diferente, que en la vida hay limitaciones, que en la vida todo muere, y que un día vas a morir. Y la única vida que existe es solo lo que ves, solo lo que observas, así sucesivamente. Pero has venido enfermo desde el vientre de tu madre. Es más, te dijeron que el dinero es malo, que el dinero te condena, o que las Riquezas son enemigas de Dios y Por esa razón no te levantas; eso lo tienes penetrado en tu subconsciente. Y hoy con estas palabras parecieran que estuvieras en la cárcel, porque no le encuentras salida a tu vida. ¿Tú crees que la vida termina cuando termina lo visible? eso no es verdad que ahí termina todo, en la vida hay un momento que alguien debe de decidir por nosotros. Alguien tuvo que decidir por ti ¿Por qué? Porque alguien tenía que hacerse responsable de ti en la tierra, mientras que te hicieras responsable de tu propia vida en la tierra. Eras niño, eras bebe, eras adolecente y alguien tenía que educarte, eso es la verdad que alguien tenía que enseñarte lo que supuestamente era la verdad. Pero llego un momento que ellos ya no tenían potestad sobre de ti. Y ahora que ya reconoces que todos los pensamientos que fluyen en tu mente son consecuencia de tus actitudes; te das cuenta que la vida no era como ellos, mejor dicho, tus padres te avían dado, no era la mejor vida que podían darte. ¿Qué hiciste, o que haces? La mayoría de las personas lo que hacemos es, Rechazar a nuestros padres y les decimos porque, porque, y porque. Porque a mí, porque me hicieron esto, porque me hicieron lo otro. Y así vamos por la vida echándoles la culpa a nuestros padres, y no agarramos la Responsabilidad de la vida. Nos in responsabilizamos de nosotros mismos. Como es fácil echarles la culpa a otras personas, o a terceras personas en vez de echártela tú. Eso es fácil poner el dedo, y apuntar con él, eso es muy fácil. Y no te das cuenta que apuntas con un dedo y quedan tres dedos apuntándote a ti. A ver inténtalo ahorita. Señala a alguien o algo, y veras que sucede. Te sorprenderás del Resultado. Porque es muy fácil juzgar, que echarse uno la Responsabilidad, o echarse uno la culpa. Y vamos por la vida, mejor dicho, vas por la vida diciendo como dijo "Adán y Eva" en el jardín del Edén. De a ver aprobado del árbol de la vida, o del árbol de la ciencia del bien y del mal. Cuando Dios les habló y les dijo, ¿hay

Adán a dónde estás? ¿Apoco comiste del fruto prohibido? Y el hombre escondido entre las hojas le dijo lo siguiente. La culpa es de esa mujer que me has dado. Y cuando le pregunta a la mujer, que es lo que había pasado, entonces la mujer le dice, fue la serpiente, si, la serpiente me engañó. Si quieres más información te Recomiendo que leas el génesis. Aquí te va para que lo leas.

Desobediencia de Adán y Eva.

Génesis 3.

3 La serpiente era más astuta que todos los animales del campo que Dios había hecho, y dijo a la mujer:
— ¿Conque Dios os ha dicho: "No comáis de ningún árbol del huerto"?
[2] La mujer respondió a la serpiente:
—Del fruto de los árboles del huerto podemos comer, [3] pero del fruto del árbol que está en medio del huerto dijo Dios: "No comeréis de él, ni lo tocaréis, para que no muráis."
[4] Entonces la serpiente dijo a la mujer:
—No moriréis. [5] Pero Dios sabe que el día que comáis de él serán abiertos vuestros ojos y seréis como Dios, conocedores del bien y el mal.
[6] Al ver la mujer que el árbol era bueno para comer, agradable a los ojos y deseable para

alcanzar la sabiduría, tomó de su fruto y comió; y dio también a su marido, el cual comió al igual que ella. ⁷ Entonces fueron abiertos los ojos de ambos y se dieron cuenta de que estaban desnudos. Cosieron, pues, hojas de higuera y se hicieron delantales.

⁸ Luego oyeron la voz de Dios que se paseaba por el huerto, al aire del día; y el hombre y su mujer se escondieron de la presencia de Dios entre los árboles del huerto. ⁹ Pero Dios llamó al hombre, y le preguntó:

— ¿Dónde estás?

¹⁰ Él respondió:

—Oí tu voz en el huerto y tuve miedo, porque estaba desnudo; por eso me escondí.

¹¹ Entonces Dios le preguntó:

— ¿Quién te enseñó que estabas desnudo? ¿Acaso has comido del árbol del cual yo te mandé que no comieras?

¹² El hombre le respondió:

—La mujer que me diste por compañera medio del árbol, y yo comí.

¹³ Entonces Jehová Dios dijo a la mujer:

— ¿Qué es lo que has hecho?

Ella respondió:

—La serpiente me engañó, y comí.

¹⁴ Y Dios dijo a la serpiente:

—Por cuanto esto hiciste,
maldita serás entre todas las bestias
y entre todos los animales del campo.

Sobre tu vientre te arrastrarás
y polvo comerás todos los días de tu vida.
¹⁵ Pondré enemistad entre ti y la mujer,
y entre tu simiente y la simiente suya;
ésta te herirá en la cabeza,
y tú la herirás en el talón.
¹⁶ A la mujer dijo:
—Multiplicaré en gran manera los dolores en
 tus embarazos,
con dolor darás a luz los hijos,
tu deseo será para tu marido
y él se enseñoreará de ti.
¹⁷ Y al hombre dijo:
—Por cuanto obedeciste a la voz de tu mujer
y comiste del árbol de que te mandé diciendo:
 "No comerás de él",
maldita será la tierra por tu causa;
con dolor comerás de ella
todos los días de tu vida,
¹⁸ espinos y cardos te producirá
y comerás plantas del campo.
¹⁹ Con el sudor de tu rostro comerás el pan,
hasta que vuelvas a la tierra,
porque de ella fuiste tomado;
pues polvo eres
y al polvo volverás.
²⁰ A su mujer Adán le puso por nombre Eva,
 por cuanto ella fue la madre de todos los
 vivientes. ²¹ Y Dios hizo para el hombre y su
 mujer túnicas de pieles, y los vistió. ²² Luego
 dijo Dios: «El hombre ha venido a ser como

uno de nosotros, conocedor del bien y el mal; ahora, pues, que no alargue su mano, tome también del árbol de la vida, coma y viva para siempre.»

²³ Y lo sacó Dios del huerto de Edén, para que labrara la tierra de la que fue tomado. ²⁴ Echó, pues, fuera al hombre, y puso querubines al oriente del huerto de Edén, y una espada encendida que se revolvía por todos lados para guardar el camino del árbol de la vida.

Como lo ves Adán no tuvo el valor de echarse la culpa y la mujer tampoco. Ellos tuvieron que echarles la culpa a los demás para que ellos se sintieran bien. Porque se siente bien echarles la culpa a los demás. Y así vamos por la vida juzgando, echándole a culpa a los demás, en vez de ser yo el Responsable de mis actos.

Ahora llegó el momento de hacer tu propia letra, y tu propia brecha, y tu propio camino llegó el momento. De ahora en adelante, te hagas cargo de tu propia vida, porque ya no eres un niño(a). Llegó el momento para ser medicina para tu vida primeramente, para tu ambiente, y especialmente para tu bienestar ¿Cómo voy a sanar, o aliviar, o consolar a otro si ni yo mismo no estoy sano, aliviada y consolado? recuerda que el cambio lo vas a ser tú, no los demás.

Quiero compartirte una pequeña experiencia de mi propia vida. Cuando yo tenía 14 años de edad. Bueno, a esa edad yo salí de la primaria en Cubulco baja Verapaz municipio de Salamá Guatemala C A. Pero ese mi último año, llegó el maestro para hablar con mis padres. Llegó y les dijo, miren su hijo es un buen estudiante y hemos decidido mi director y yo, darle una beca para que siga estudiando, para que siga creciendo en esas habilidades en el estudio, y por eso hemos decidido darle una beca. Claro el maestro había llegado a nuestra humilde casa. En el rancho donde vivíamos 7 hermanos en total.

Bueno cuando mis padres escucharon la propuesta de parte del maestro. Bueno, para mí eso era un milagro de parte del maestro. Yo decía en mi interior, Wow mis sueños llegaron a mi casa, y seguía repitiendo dentro de mí, por favor que digan que sí, que digan que si ya estoy harto de aquí, ya quiero salir de aquí e irme para la ciudad. Mientras que yo hablaba con migo mismo. Bueno, dice el maestro que es lo que han decidido ¿aceptan la propuesta? Mi padre mira a mi madre, y mi madre mira a mi padre, y se decían que hacemos. Bueno, como era la costumbre que el hombre manda en la casa, que error garrafal ¿no? hasta ahora comprendo que en el hogar tienen que mandar los dos, mejor dicho, ir los dos de la mano, esposo y esposa. Pero como ellos son mayores,

creo que se parecen un poco a los tuyos.
Ellos venían enfermos desde su infancia y por
supuesto como la enfermedad contagiosa, me
la transmitieron a mí también. Pero ellos no
tenían la culpa de estar así, lo que pasó fue
que ellos no decidieron cambiar por su parte
y siguieron con el patrón de sus padres. Si tú
decides cambiar tu vida hoy, inmediatamente
te transformaras en una persona miedosa
pero con ganas de seguir, no sabe cómo pero
sigues. Mi padre se dirige humildemente al
maestro y le dice, mire maestro gracias por su
preocupación para que mi hijo siga el estudio,
pero fíjese que no estamos interesados de su
propuesta, pero le pido que nos deje pensarlo
por unos días y le abismares. De acuerdo, dice
el maestro, me parece una buena idea que lo
hable en familia. Cuando el maestro se retiró,
me acerco a mi papá, un poco con miedito
y le pregunté ¿Qué le pareció la propuesta
del maestro? dígame por favor que si puedo
ir a estudiar; Es que yo quiero hacer algo
en la vida y ser alguien. Él se dirijo a mí y
me dice, mira hijo lo que tú vas hacer, es lo
siguiente, hágame el favor y agarre su piocha
y su azadón y vámonos a trabajar, porque tú
serás como tu padre agricultor y del campo.
Él me dice, los estudiantes se transforman en
mareros, ladrones, callejeros etc. Pero le digo,
papá yo no voy a ser uno de ellos, por favor
deme la oportunidad de mi vida. Tú sabes que

los padres tienen la última palabra. Se dirige a mí y me dice, tú no vas a la escuela y punto, ni una palabra más.

Bueno, desde allí empecé a ver a mi padre no muy bien, me molesté mucho con él por su forma de ser, mi madre era más tranquila, podría decir, un poco alcahueta, pero al final no lo era ella tiene el amor de madre, cosa que mi padre no lo tenía ni lo sentía. Desde ese momento tristemente mi vida, fue diferente, según yo mi vida ya no tenía salida, pero como les diré a continuación después de una larga frustración mi vida cambió, me enojé con mi padre y empecé a culparlo por todo lo que me sucedía o por lo que no me sucedía.

Cuando tenía 15 años empecé a escuchar una Radio, bueno, siempre la escuchaba pero no le ponía atención, cuando ya tenía los 15 años le puse más atención y empecé a escuchar a un locutor que se desarrollaba en hablar, la voz se oía bien en la Radio, yo me decía y pensé, yo quiero ser locutor y yo sé que puedo. Le dije a mi padre mire papá, quiero ir a esa radio quiero ser locutor, mi padre me dice, mira hijo los locutores tienen que ser estudiados y tú no lo eres, en ese momento me dio en el clavo y le digo, vamos a hablar con el director de esa Radio y veremos si es verdad que hay que tener estudio, por favor le digo si usted no va con migo, pues yo voy solo pero de que voy, voy. Cuando escuchó que me aventaría sin él, me dijo, vámonos pues. Yo dije yes, sí. Y nos fuimos, llegamos al pueblito y nos dirigimos a la Radio, a halla estaba el director de la Radio, un gran amigo de mi padre. Mi padre le dirigió la palabra y le dijo, mire señor director, venimos aquí para ver si hay posibilidades de que mi hijo sea locutor o que venga a su Radio, o que hable a través de su Radio. Pues yo estaba emocionado, muy contento porque estaba muy cerca de hacer lo que yo quería.

El director de la radio se dirigió a mi padre y le dijo, le voy a hacer una pregunta ¿su hijo tiene estudio? Le dice mi padre, si tiene sexto primaria. O no, le dice el director cuando yo pregunto de estudio, me refiero de tercer básico o bachillerato. Le dice mi padre, él no tiene ese estudio. O no, le dice el director, cuanto lo siento. Cuando yo escuché esas palabras, me fui de espaldas y dije, no puede ser, pero ya sé, la culpa es de mi padre decía yo entre mí, pero para no hacer tan grande la historia: A los 18 años emigré a los Estados Unidos y en los Estados Unidos me di cuenta que ellos me dieron lo único que tenían en la vida para darme. Porque tú no puedes dar lo que no tienes y lo único que das es lo que tienes, si quieres saber más de mi vida, lee el libro de mi vida y allí te darás cuenta quien soy yo, pero por ahora lo único que te digo es que mi vida ha cambiado. Echa un vistazo a tu alrededor observa que es lo que estas padeciendo o mejor dicho, ¿cuál es la enfermedad que te agobia? puede ser tu mente, tu cuerpo, tu alma, porque cuando tu estás enfermo afecta a todas esta ares, tu cuerpo, mente, trabajo, familia, ambiente, tu mundo. Realmente lo que sucede está en tu mundo sano; si lo está que bueno, pero si no lo está, es tiempo de sanar. Es el momento de liberarse, así yo logré liberarme de todo lo que me a portaba de la felicidad, también tú puedes hacerlo:

Oremos padre que yo tenga la capacidad de consolar a los demás, que ya no busque ese consolado sino consolar que yo sea el alivio de los demás que pueda liberarlos con mi ejemplo Toda mi vida señor, he buscado personas para que me consuelen; pero yo sé y estoy seguro que ahora tú me has hablado. Creo en el espíritu infinito qué hay dentro de ti, y el espíritu infinito qué hay dentro de mí. Así como éste maestro nos enseña, que no busque yo tanto ser consolado sino llevar consuelo a aquellos que están preocupados, aquellos que han perdido la esperanza, ser yo el cambio para ellos. Por eso hoy señor, no estoy orando para pedirte la fuerza, sino que estoy llorando para decirte que dentro

de mí hay una fuerza poderosa, que debo de descubrirla. Por supuesto que debo de abrir los ojos invisibles, la mente invisible, mi cuerpo invisible.

De ahora en adelante empezare a trabajar para poder ser consuelo para aquellos que más lo necesitan. Si no puedo consolar verbalmente, lo haré físicamente. Si no lo puedo hacer físicamente, lo haré a través del teléfono. Si no lo puedo hacer a través del teléfono, lo haré a través de los mensajes. Si no lo puedo hacer a través de los mensajes, lo haré en silencio. Si no lo puedo hacer en silencio, lo haré en mis sueños señor. Pero mi propósito es ser consuelo, no esperar que los demás me consuelen sino yo ser lo. De ahora en adelante yo sé que puedo hacerlo, porque eso es el papel que debo de jugar en este momento ser el consuelo. Muchas veces he querido que me consuelen porque pensaba que la vida era así, pero ahora sé que no. para ser feliz debo hacer feliz, para sentirme consolado de bobo de consolar a mí ser querido. Gracias por esta gran oportunidad, de poder descubrir esta maravilla cómo lo es, consolar primero, llevar y dar en vez de recibir AMEN:

(10)

Oh maestro haced que yo no busque tanto ser comprendido, si no comprender.

En la vida la palabra clave para ser feliz y para que tu consciencia este tranquila y en paz hay que comprender. En esta parte de esta oración, aprenderemos como comprender a los demás. Quizás en tu vida o el resto de tu vida has estado buscando a alguien que te comprenda, tal como tú eres, tal como tu actúas, tal como tú hablas, tal como tu caminas, tal como tú te vistes, tal como a ti te gusta lo moderno, tal como tu trabajas, tal como pagas, tal como cobras eso y más. Tal vez has buscado a alguien que te comprenda pero no lo has encontrado, tal vez quieres que te vean tal como es tu familia, tal como es tu matrimonio, tal vez tal como actúas en tu grupo o en tu iglesia o ministerio. Tal vez buscas, o has buscado a alguien que te comprenda o que te acepte por la edad que tú tienes, por los muchos o pocos años que tú tienes. Posiblemente esperas a alguien para que te comprenda por tu sexo. Posiblemente eres una mujer que se ha convertido en lesbiana, o un hombre que es homosexual etc.

Y esperas que el mundo o tu propia familia o tu ministerio o tu iglesia o en tu trabajo, pero la verdad es que todo lo que buscas o esperas de los demás, no está teniendo resultados. Puedes ser que eres una de las personas que no habla mucho, o que no eres muy sociable, o al contrario eres una persona que hablas mucho y eres muy sociable y te gusta hablar con todo mundo. Pero seas tímido (a) o no, te aseguró que dentro de ti en lo más profundo de tu ser hay una voz que siempre está gritando que lo acepten, o que al menos le den un lugar en la sociedad. Pero cuando vuelves en sí, te das cuenta que el mundo no es como pensabas tu que era, nadie te comprende como realmente tu eres, posiblemente te dirán, no me gusta cómo te ríes te vez ridículo (a); o no me gusta como tú hablas, o como es tu cabello, o tu eres mi gran amigo(a) pero no comprendo lo que haces con tus amigos y por consiguiente no te aceptó. O posiblemente los demás no te comprenden porque no tienes dinero, o no te comprenden porque tienes mucho dinero. O no te comprenden no más por el hecho que eres de tal familia, o no te comprenden porque eres madre soltera, o padre soltero. O no te comprenden porque tienes cierta habilidad que los demás no tienen. O no te comprenden incluso por el talento que tú tienes y ello quisieran tenerlo. No te comprende incluso por el talento que tú no tienes. Y así vas por la vida buscando la comprensión, y no la encuentras de nadie. Desechan tus habilidades, tus ideas, tus tradiciones, tu verdad incluso no te comprenden por todo lo que tú tienes o lo que no tienes. Tal vez vivas en un palacio, o posiblemente en una casa muy humilde; en ambos lugares no encontraras la comprensión el cien por ciento. ¿Por qué? los demás se han creado así, incluso tú también.

Bueno, antes de seguir pensando tal como lo has venido haciendo, me gustaría que te insieras estas preguntas, y respondértelas tú. Y si tus respuestas son positivas, entonces te darás cuenta que los demás tiene la culpa de todo lo que a ti te sucede y por con siguiente los demás tiene que cambiar y no tú. Pero si las respuestas son completamente al contrario, entonces tú tendrás que cambiar.

¿Comprendo a los demás tal como son? ¿Comprendo a mi pareja tal como es? ¿Comprendo a mis amigos tal como son? ¿Comprendo a mi familia tal como son? ¿Comprendo a mis padres tal como son? ¿Comprendo a mis hermanos tal como son?

¿Comprendo a mis compañeros de trabajo tal como son? ¿Comprendo a mis compañeros de clase tal como ellos son? ¿Comprendo y acepto a los homosexuales, y lesbianas tal como ellos son? ¿Comprendo a los matrimonios que se están destruyéndose y les ofrezco mi ayuda tal como ellos son? ¿Comprendo en vez de juzgar a las prostitutas tal como son, y les ayudo a que hagan un cambio? ¿Comprendo a los que tienen algún vicio tal como ellos son? ¿Comprendo a los religiosos tal como son? ¿Comprendo a los ricos y pobres tal como son? ¿Comprendo a los que están en las maras, o los que están en malos pasos haciendo lo malo como yo lo llamas?

Y si a todas estas preguntas salen positivas para ti, qué bueno te felicito. Pero si no que lo dudo, que no hay nadie que no pueda cumplir al cien por ciento, todo lo que has leído. Entonces si no lo hay ¿Por qué juzgas? ¿Porque buscas en el mundo, lo que no hay en el mundo? Pero no te preocupes no te estoy transmitiendo estas palabras para avergonzarte, o para que te sientas mal; al contrario te estoy transmitiendo esto para que tu empieces a sanar y a liberarte de la cosas desechables y entres al lugar del "Edén". Déjame te digo lo siguiente a través de estas líneas, si sigues buscando lo que realmente no existe en el mundo, te aseguro que cuando te des cuenta tu vida se te ha escurrido por los dedos, como el agua se corre entre tus dedos. Entonces, no dejes que tu vida se te escurra entre tus dedos pues empieza a vivir la verdadera vida, date cuenta que todo lo que buscas, especialmente la compresión de los demás nunca la encontraras, nunca te darán la razón, te la darán pero por algo a cambio.

Déjame te trasmito lo siguiente: La comprensión se encuentra en un solo lugar y ese lugar es dentro de ti, en tu yo profundo, esa fuerza superior que mana dentro de ti, que no tiene límites, que no tiene fin. Al final, cuando te des cuenta que lo que buscas ya tú lo tienes; te darás cuenta que eres una caja de tesoros, que está llena de comprensión, ese tesoro que no tan fácil cualquiera lo puede encontrar. Que no cualquiera se da la molestia de encontrar. Que no cualquiera aparta el tiempo para hacer el cambio. Pero yo sé que tu si eres capaz de hacerlo, porque la mayoría espera que la mayoría cambie antes de ellos, dicen, el primero que cambie él, o ella; y después lo haré yo. Lo que tú tienes dentro de ti es algo fuera de serie, todos tenemos la capacidad de comprender, lo que pasa es que no queremos hacerlo. Pero no todos tienen la valentía de apartar el tiempo de encontrar esa fuerza superior que fluye de lo invisible, fuerza poderosa que cambia el mundo, que mueve las estrellas, esa fuerza que mueve todo el mundo. Está en un solo lugar, y ese lugar se llama seres humanos, cuando te das cuenta de todo eso y más, eres capaz de dar lo que nunca te avías imaginado dar.

Tú me dices eso me parece bien ¿pero cómo lo hago? Esa es una buena pregunta, lo primero tienes que reconocer que tiene que haber un cambio, es decir, mejor del que ahora tienes. Segundo que hay algo que tú no sabes de ti; si hasta aquí no sabes aun quien tú eres, ni sabes que hay dentro de ti. Tomate un lugar diariamente a solas. Pueden ser 5 o 10 minutos. En ese tiempo aprovecha no para pedir como lo haces en tus plegarias diarias. No trates de pedir porque todo lo que necesitas está dentro de ti. Cuando estés en silencio en tus 5 o 10 minutos, trata de hacerte estas preguntas ¿Quién soy yo? ¿Qué tengo para dar? ¿Hay comprensión en mí para dar? ¿Para qué estoy aquí en la tierra? ¿Cuál es mi propósito en este mundo? ¿Quién es Dios, o que es Dios? ¿Está verdaderamente Dios dentro de mí como me lo dicen? ¿Por qué soy como soy? ¿Por qué estoy dónde estoy? Y si se te vienen más preguntas, por favor hazlas todas, las que quieras. Eres libre de preguntar lo que tú gustes con tal que sea constructivo. Después de hacer estas preguntas, quédate en la expectativa, esperando la respuesta, que en cualquier momento llegara. Es más, llegara en el momento menos esperado para ti. Por eso te recomiendo estar, o mantenerte despierto todo el tiempo.

Esto me Recuerda a un pequeño cuento que escuché hace unos años.

El mapa, y el niño.

En cierta ocasión. Un padre que se la pasaba muy ocupado, claro era un hombre millonario y tenía que estar pendiente de todo. Y por consiguiente, el tiempo que tenía que estar con su hijo lo invertía en su trabajo. Un día su hijo, se acercó en su oficina como todas las tardes lo hacía, para simplemente preguntarle, como todas las tardes le preguntaba cuándo llegaba de la escuela. En esa tarde le dijo, ¿padre puedes jugar con migo? Si por favor hace ya mucho tiempo que no lo haces. Por favor juega con migo síííí. O si no quieres jugar con migo, al menos cómprame un helado. Pero has algo por favor has algo. El padre se miraba muy atareado en sus qué haceros. Y entre más su hijo lo molestaba, que por favor juega con migo, o cómprame un helado siquiera. Cuando el padre se vio atormentado por la exigencia de su hijo, con lo que él quería jugar con él, sino, que le comprara aunque sea un helado. Sino hacia una de estas dos cosas que su hijo le pedía, el hijo siempre lo iba a seguir molestando. Entonces él tenía que hacer algo al respecto. Y echó un vistazo a su alrededor para ver que encontraba para distraer a su hijo por un rato más.

Y observó que a su derecha había un mapa mundí. Y él dijo, aah ya sé que voy hacer, voy hacer pedazos este mapa y se lo daré para que el me lo vuelva a armar y bueno así lo mantendré entretenido, él se dirigió a su hijo y le dijo. Mira hijo, entiendo tus deseos pero has me un favor, mira aquí tengo un mapa mundí en pedazos, si tú me lo armas, o lo pones exactamente como estaba, yo te prometo que te daré todo lo que tú quieras.

De acuerdo papi- le dice su hijo. El padre se lo entrego en sus manos. Y el niño de unos diez años, sin saber que hacer según el padre. El niño toma el papel, o los papeles porque estaba completamente hecho pedazos. Y luego el padre se dirige a su oficina nuevamente. El niño se para en otra esquina. Y cuando el padre ve que el niño se fue, en ese momento se alegra y dice por fin me lo quitó de encima. Ahora se dirige a trabajar más tranquilo. Al menos de unos diez minutos siente que alguien lo toca por la espalda. Cuando está a punto de darse la vuelta dice, quién es ahora, ya me deshice del niño, y ahora quien es. Cuando el jira su silla para ver quién era. Se encuentra con la sorpresa que el niño estaba nuevamente allí. Y le dice, ¿Y ahora qué quieres hijo? El niño dice, no quiero nada papi, solo quiero decirte que ya termine de hacer lo que me dijiste que hiciera, y aquí está el mapa ya listo. El padre sorprendido le dice ¿pero cómo lo hiciste, si yo me di cuenta que era difícil? -Déjame ver si lo que me estás diciendo es verdad- el niño le enseñó el mapa completamente como debería de estar. El padre admirado le pregunta ¿Cómo fue que lo armaste tan rápido? El niño con toda su inocencia se dirige a su padre y le dice; padre fue muy fácil, porque yo vi algo que tú no viste. Veras, le dice el inocente niño. En el otro lado de este mapa había un hombre, lo que yo hice fue solo formar el hombre y cuando lo voltee ya estaba el mundo.

Si le pones atención, primero es el hombre. El cambio lo haces tú, para que el mundo sea transformado. Para ser el instrumento del consuelo, tendrás que agarrar el papel y ver al otro lado, y ver que primero hay que formar al hombre, para que el mundo sea transformado.

Ahora vamos a dirigir una plegaria a nuestra fuente que es la vida. Dios=vida. Vida=Dios. Que todo lo que hagas tenga el respaldo divino, esos son mis sinceros deseos. No sé cuál es tu creencia, pero sin importar tu creencia, has esta oración con todo respeto.

Señor en este momento reconozco que sin el cambio en mi mundo no pasara nada. Porque muchas veces he sido tan miserable, que busco la comprensión

de los demás y yo no soy capaz de comprenderlos. Ahora vengo a decirte que en vez de que busque el consuelo de los demás, te digo que aquí estoy yo para consolar, y para ser el consuelo del mundo. Y sobre todas las cosas quiero ser y debo ser y es mi responsabilidad de ser medicina para los demás. Pero primero quiero yo y debo ser sanado AMEN.

Maestro, haced que yo no busque tanto ser amado, sino amar.

Para eso sí que necesitamos el poder espiritual. Porque por naturaleza los seres humanos estamos hechos de amor y para el amor. La palabra amor a veces se mal interpreta. Pareciera que estuviéramos hablando de sexo, o solo amor de relación de pareja, o cierto amor. La verdad es que cuando mencionamos la palabra amor. Tendríamos que tener consciencia de la potencia de esa palabra hacia nuestras vidas. O que, realmente significa para mí. ¿Qué significado tiene para mí esa simple palabra, como muchas veces la llamamos? Veamos la palabra A-M-O-R. Esta palabra encierra todas las demás. Vamos a verla letra por letra.

1. A.

a. Ambición.

Para todo lo bueno, y con tal que te bendiga a ti y los demás. La palabra ambición significa, deseo ardiente de conseguir poder, riquezas, dignidades o fama. Hacer todo con cautela para crecimiento personal. Y para bien de los que decimos que amamos. En otras palabras debes de ambicionarte por lo que quieres hacer, o por lo que estás haciendo.

b. Anuncio.

Lo que tú haces aquí en la tierra y lo que quieres dejar. Recuerda que cada uno de nuestros hermanos más conocidos, fueron personas que encontraron su propósito el por qué están aquí. Y ahora tenemos lo que tenemos gracias a ellos. Ahora bien ¿Cuál es el mensaje o el anuncio que les vas a dejar al mundo, o la huella por la cual te van a conocer? ¿Qué es lo que les vas a ser saber al mundo, o que vas a publicar o proclamar?

c. Aprendizaje.

Aprender todo lo bueno que este de tu parte. ¿En que estás invirtiendo tu tiempo, o en quién? En la vida deberías aprender algo, porque estoy seguro que no eres bueno para todo. Pero tampoco no eres malo para todo, para algo eres bueno.

d. Atribuir. Atribuir lo bueno que los demás merecen y lo que tu mereces. Aunque no tengas conocimiento de lo que está haciendo, siempre reconoce lo que los demás son y que representan para ti.

e. Arreglar.

Arreglar lo que está destruido, o construir lo destruido; en otras palabras levantar lo derribado y ser parte del cambio. Tú has el cambio se parte del cambio y del orden. Empezando desde cuando te levantas de la cama, hasta que te acuestas, a hacer lo bueno en todo lo que hagas.

2. M.

A. Mansedumbre.

Ser manso con los demás, como las palomas. Es bueno ser mansos con los demás; solo recuerda que todos somos igual que tú y se merecen comprensión, y espeto. Y todo lo que tú hagas hazlo con mansedumbre.

b. Maestro.

Ser maestro en tu propio entorno, especialmente con tu estilo de vida. No que te digan maestro, ni mucho menos pasarte por un maestro. Sino que estar dispuesto (a) de hacer las cosas bien. Con tal que sean constructivas para ti, como para los demás.

c. Matrimonio.

Utilizar esta palabra como un punto de partida hacia otra selva, hacia otro horizonte, juntos los dos; de la mano en el camino. Con esa clase de vida tomar un vuelo distinto. El vuelo de su vida sin importar sus desperfectos. O problemas familiares, físicos, personales, hereditarios etc. Ser uno en tres o ser tres en uno. Porque los dos trabajaran para la relación. El hombre trabaja para la relación, y la mujer trabaja para la relación; serán hombre mujer y relación=3. Y si la relación concuerda con el uno y el otro, estarán en paz y unidos para siempre.

d. Miseria.

¿Cuál miseria? Reconocer tu miseria eso es humildad. Esa miseria que te separa de tu creador y que te hace creer que tú puedes hacerlo todo solo(a) sin la ayuda de Dios y de los demás. Esa miseria es lo que tú alimentas en tu corazón; si alimentas tu ego, estarás en grandes problemas porque siempre te va a tener encima de los demás y te hace sentir que eres mejor que los demás. Y si al contrario alimentas la fuerza espiritual, tu fuente, siempre veras a los demás como lo que eres tú. En una ocasión estaba sentado un abuelito con su nieto en la Orilla del mar. Y por un momento el nieto recostó su cabecita en el pecho del abuelo y le preguntó. ¿Abuelo que es lo que tienes en tu corazón? A lo cual el abuelo Responde. Mira hijo, allí tengo dos leones. Y el nieto le dice ¿y quién es el que manda? El abuelo le dice, depende el que yo alimente más. Mi apreciado(a) lector, va a depender de ti, a quien vas a alimentar más si al orgullo, o a la humildad, al odio o al amor, a la unión, o a la división, a la paz o la desesperación etc.

e. Molestia.

¿Cuál molestia? Con esta palabra o mejor dicho, con esta letra **M** todo lo que te moleste de ti y de los demás será diferente ahora. Que tú uses esta palabra con conocimiento. Tal vez los demás te han estado causando eso, o tal vez sin ellos darse cuenta de lo que te estaban haciendo. Ahora en vez de molestarte por lo que dicen o no dicen, los comprenderás. Si no eres capaz de hacerlo, entonces, te recomiendo no usar esta palabra amor, sino que a vivirla. Dijo madre teresa de Calcuta. Amar, es dar hasta que duela, eso es amor.

3. O.

a. Omnipotencia.

b. Omnipresencia.

c. Omnisciencia.

Con estas poderosas palabras, tal vez te preguntarías ¿Qué tiene que ver eso con amor? Bueno y mucho. Veraz, cuando tú mencionas la palabra amor. Estas en pocas palabras mencionando el origen del mismo, el principio, el nacer, el comienzo de esa poderosa palabra. Vez. Omnipotente. Quiere decir que Dios lo puede todo. Todo significa todo. Omnipresente. Quiere decir que tu creador está en todas partes y lo conoce todo, lo encuentra todo y lo ve todo, él está aquí mismo donde tú estás leyendo este libro, lo creas o no. Y también está donde yo estoy en este momento. Y omnisciente. Que el todo lo siente. Desde una uña encarnada, hasta una muerte de un ser querido. El hecho que no lo veas, o que no lo sientas ni vez. Es cuestión que tu tengas el conocimiento de que él siente todo lo que tú sientes, o el mundo siente. El cómo es eterno ha hecho las leyes espirituales.

Aunque él se arrepienta de haberlo hecho, él no puede fallar a su palabra. Lo que tienes que hacer es empezar a compartir lo tuyo con Dios. Y lo involucres con tus cosas personales. Habla con él y dile todo lo que quieras, el té está escuchando. Si alguien te cae mal y estás enojado con esa persona por x razón, déjaselo saber y veras que en tu camino encontraras la respuesta.

4. R.

a. Romántico.

¿Apoco no cae bien la palabra romántico con esta letra? Claro que sí. Romanticismo en el matrimonio, relaciones, noviazgo, padres a hijos, hijos a padres, Dios a sus hijos. Hay momentos que Dios quiere compartir su romance con su creación a través de todos los problemas de cada familia, allí está el amor de Dios. Pero no estoy hablando del romance morboso. Sino del romance sano, puro, santo, fuerte.

b. Rama.

Es decir, ¿de dónde vienes, de que árbol eres, cuál es tu tronco, cuál es tu destino? ¿Estás conectado(a) todavía como la rama que eres, en el árbol de la vida? y sino. Es tiempo de volver a tu primer amor, a la vida, a la paz, a la alegría, a la confianza, a toda la verdad y nada más que la verdad. Porque después de esta vida ya no va haber chance. Es ahora o nunca. Este es el día, este es el momento.

Como tu vez el amor tiene varios significados. Por supuesto tú eres libre de buscar o poner tus propios significados. Bueno, esto nomas es una guía. Por naturaleza, como acabas de leer, es como un síndrome de necesidad. Qué si no tengo esto no soy feliz. Si no tengo lo otro no soy feliz. Si no me quieres me muero, o si no me amas te voy a tratar mal. O si no me amas como yo quiero o como yo deseo te vas arrepentir de mí, porque el necesitado soy yo y no tú. Y así vas por la vida diciendo sin ti no puedo vivir, o sin ti mi vida ya no tiene sentido. Y esa necesidad la llevas arrastrando en tu vida, que en vez de ser feliz, eres una persona infeliz porque no tienes lo que quieres o deseas.

El decir, sin ti no puedo vivir. Es símbolo de debilidad, literalmente te estás diciendo, yo no soy nada ni nadie y sin ti, pero tu si puedes amar yo no.

Es una de las muchas maneras que las personas se desprecian a ellas mismas. Y en vez de amar y levantarse y decir ¿Por qué no tengo lo que quiero y no quiero lo que tengo? Yo sé que puedo hacer las cosas, nomás que piense y crea que pueda hacerlas, y actué como tal. Y hasta entonces, en vez de decir tanto ámame, quiéreme, dame, dime etc. tener la capacidad de decirle a los tuyos que sigan tu ejemplo, a tu familia, amigos, amistades, conyugue, compañeros, socios, conocidos, enemigos etc.

Déjame decirte que lo que has hecho es maravilloso. Fíjate que el error que has cometido no fue un problema, fue todo lo que pudiste dar.

Yo sé que eso te lastimó pero era lo único que tenías para dar, así que en vez de estar discutiendo, por lo que hiciste o por lo que no hiciste, veamos que podemos aprender de eso; o que es lo que puedes aprender de eso. Busquémosle el lado amable, y busquemos el mensaje que esta circunstancia nos ha traído o te ha traído. O que cosa tenemos que aprender en la vida y no lo estamos viendo por el enojo que nos está invadiendo y el ego que esta reinando, es decir, quiere reinar. Pero yo puedo cambiar esto, porque hoy quiero ofrecer amor y cariño, en vez de discutir. Hoy quiero dar amor y cariño en vez de regaños. Hoy quiero dar amor y cariño, en vez de peleas y maltratos. Hoy quiero y debo y puedo dar amor y cariño, en vez de incomprensiones. Desde hoy mi vida es diferente, porque en vez de esperar amor yo lo doy y transmito el amor, en vez de mentiras. Hoy me comprometo a dar amor, en vez de engaños, yo soy el instrumento del amor y del cariño. En vez de codicia, hoy empiezo a dar amor. En vez de odio, soy amor. Hoy soy amor, en vez de temor. Hoy soy amor, en vez de veneno. Hoy yo me transformo en el amor, en vez del Rencor. Yo soy amor y transmito el cariño, en vez del odio, codicia, envidia, gula, avaricia, lujuria, división critica. etc. Hoy me convierto de lo verdadero, lo cual es el AMOR.

Dirijamos una plegaria a nuestro creador a esta hora. Señor yo reconozco que mi vida de aquí para atrás ha sido diferente, pero de hoy dándome cuenta y pensando acerca de mi vida, me he dado cuenta que he ido en un lugar equivocado. Pero hoy quiero y voy hacer el cambio, voy hacer el cambio, tengo que hacer el cambio, puedo hacer el cambio, debo de hacer el cambio. Y mi responsabilidad y mi obligación es hacer yo el cambio. Hoy me comprometo a, en vez de buscar tanto que me amen, buscaré tanto a quien amar. Gracias, señor. Porque yo sé que todo cambio que yo haga, con tal que sea bueno. Yo sé y tengo la seguridad que tu respaldas todo lo que hago. Gracias señor AMEN.

12

Señor porque es dando, que se Recibe.

En esta parte de la oración. Quiero detenerme un poquito y darle un cambio a lo que estamos hablando. Y darle un giro hacia la biblia. Porque es dando que se recibe. Eso es algo que hay que atribuírselo al maestro, al maestro de maestros. Que El sobre pasó los sabios del mundo. Pero antes quiero decirte que cuando hablamos de dar, o lees lo que significa el dar. No estamos diciendo que solo se le atribuye al dinero u objetos. Como por ejemplo. Cualquier cosa que tú puedas alcanzar o poseer, o lo que este a tu alcance pues. No del dar de lo que yo no quiero, o lo que no necesito, o lo que me sobra etc. porque todo eso no es dar, eso es deshacerse de la basura y dársela a otra persona. Porque eso es lo que la mayoría hace, y eso mis amados; no es dar, eso es manipular a los demás.

En una ocasión. Dejamos nuestros hijos con una persona, claro se le llama nana. Y en cierto día, fuimos a traer a nuestros hijos, y cuando estábamos a punto de dirigirnos a nuestra casa, escuchamos que alguien gritaba y cuando nos dimos cuenta que era la nana que estaba gritando. Le dice a mi esposa ¿mire señora le gustaría llevarse estas tortillas? Lo que sucede es que a nosotros no nos gusta y antes de tirarlas se la íbamos a ofrecer a alguien, sino se las llevaba la gente la vamos a tirar. Claro; le dice mi esposa, en vez de que la tiren o la arrojen a la basura, las llevamos nosotros. Y en ese momento me di cuenta que damos lo que no queremos y lo que no nos gusta, estamos hartos de cosas y tenemos que deshacernos de ellas. Mi querido(a) lector no uses a los demás para que te saquen la basura de tu casa; ve a tirarla tú mismo.

Vámonos a la biblia a ver que nos dice la biblia al respecto. *Lucas 6:38 den, y se le dará; se les echara en delantal una medida colmada, apretada y Rebosante. Porque con la medida que ustedes midan, serán medidos ustedes.*

Que más claro que esta palabra ¿no? aquí está la clave del dar. Porque es dando como se recibe. Pero cuando escuchas o escuchan las personas dar, piensan religiosamente. ¿Cómo es pensar religiosamente? Bueno, pensar religiosamente es que cuando escuchan la palabra dar, luego piensan que hay que dar comida a los necesitados, hay que darles casa a los que están sin hogar etc. ¿pero eso es malo, no está hablando la palabra de eso? Claro que eso no es malo, eso es parte del dar.

Pero la palabra dar va más allá. Religiosamente tal vez pienses en todos menos en ti, y solo te enfocas en los demás y no en ti ¿Qué haces con tu vida? Cuando tú preguntas el significado del dar, te sacan la biblia y según ellos te lo explican bíblicamente y te dicen, amar a tu prójimo como a ti mismo. Y te ensartan al prójimo, todo al prójimo. Pero no te enseñan a amarte a ti mismo o mejor dicho, no te enseñan a darte a ti mismo. Estás tratando a los demás mejor que a ti, estás dando más amor a los demás, de lo que te estás dándote a ti. Estás dando tu propia vida a las damas y te estás olvidando a ti mismo. Estás luchando por los demás y nadie te ayuda a ti a salir adelante, le ayudas en los problemas a los demás; y estas en todas sus dificultades. ¿Y dónde estás tú, qué es lo que haces por ti? si haces todo eso y más, estas cayendo en las palabras del maestro donde dijo: *Lucas 9:25* ¿de qué le sirve al hombre ganar al mundo entero si se pierde, o se disminuye a sí mismo?

Nomás se quedan con el prójimo. Te felicito que estés leyendo este libro, porque aquí vas a aprender cómo darte a ti mismo. Como entregarte a ti mismo. No estoy diciendo como darte o entregarte a los demás, no. aquí estoy hablando como darte a ti mismo, si, a ti, primera persona. Espero sin duda alguna que esto te servirá de mucho.

Primeramente vamos a ver como se une el verbo dar. Ya hemos visto o mejor dicho, ya has leído que utilizamos dar de una manera inapropiada, tal vez una vez lo has hecho pero inapropiadamente. No estoy diciendo que lo has utilizado mal, lo que digo es que, no lo has utilizado de la manera apropiada como debe de ser.

El maestro nos dice den y se les dará. Y san francisco nos dice porque es dando que se recibe ¿pero dando qué? ¿De qué están hablando, será de la manera que yo pienso es? Déjame te digo que, tú tienes razón de la pregunta ¿será que es de la manera que yo pienso? Claro que sí, porque tu terreno lo cultivas tú personalmente, nadie más tiene la potestad de hacerlo solo tú. Porque tu mente es como un terreno que hay que cultivarlo. Tú tienes dos mentes; esta mente que se llama consciente y la mente subconsciente. Esta dos mentes lo que hacen es que no trabajan sincronizadas de una de la otra, son completamente distintas. Pero un punto bien importante que tienes que tener en cuenta, es que a la mente subconsciente, sigue su patrón, o su guía que es la mente consciente.

La mente consciente es la que reconoce todo lo bueno y lo malo, Lo verdadero y la mentira; la mente consciente es la que recibe toda la señal que tú le mandas o que tú le permites que ella produzca. Por ejemplo. hay miles de pensamientos que te llegan al día. La mente consciente no tiene la capacidad de poder sacar los buenos pensamientos, de los que no son correctos. Porque la mente consciente lo que en si hace es crear, pero algo o alguien tiene que guiarla. Porque realmente no todos los pensamientos que te llegan alrededor del día son correctos. No estoy diciendo que son malos. Lo que digo es que no son correctos o adecuados para tu vida o no se alinean a tu vida o lo que tú quieres. La mente consciente lo que realmente hace, solo construye y construye. Pero sino controlas tus pensamientos, o no los monitoreas diariamente o cada instante. Pueden terminar con tu vida, o con tu relación con el prójimo. ¿Entonces pensar es malo? Gracias por la pregunta. No estoy diciendo que es malo pensar. Lo que digo es que hay que ponerle atención a cada pensamiento que tienes cada instante, si es constructivo o no. Si es productivo o no. Si es adecuado a tu circunstancia, o no. Te guía a tus sueños o no. Están lastimando a los demás o no etc. bueno los pensamientos son como el agua, o el fuego, o el aire. Tu sabes que el agua es buena, incluso es vida. Pero el agua sin control puede hacer desastres. Tú sabes que el fuego es algo indispensable para el hombre, parecido como el agua es bueno, pero sin control puede quemar toda la tierra o una parte de ella. El fuego sin control es devorador.

Tú sabe que el aire es una parte principal del milagro de la vida, necesitamos el aire o el oxígeno como que si fuera nuestra vida, es la vida. Pero el aire sin control puede como los otros dos, causar huracanes, Remolinos etc. y pueden terminar o eliminar vidas. Pero como cada uno tiene un control sobre natural que tu no lo vez. Eso es una verdad que muchos la ignoramos. Bueno, el punto es que, la mente sin monitores, digo sin monitorear la mente también puede hacer o cometer desastres con el prójimo. Y todo lo que leas, miras, escuchas, eso no va directo a tu mente consciente es más, lo que recién leíste, todo eso lo está registrando tu mente subconsciente. Porque el patrón de la mente subconsciente es la mente consciente. Podríamos decir que la mente subconsciente es ciega no ve. La mente subconsciente no reconoce entre la mentira y la verdad. No reconoce entre lo bueno y lo malo. No reconoce entre lo fiel y lo infiel etc. todo lo registra como verdad. Por ejemplo. Cuando dices, no puedo, o no quiero, o yo no sé por x cosa, o soy un pobre, o no soy como los demás. Soy tan tonto que nadie me quiere, o esto no es para mí, o voy a mentir para quitarme una carga de encima, o no soy bueno para esto, o soy una miseria, o soy miserable, o nunca voy a tener riqueza, o nunca voy a ser feliz etc.

Cuando tú hablas de esa forma, tu mente consciente lo Reconoce perfectamente todo lo que has mencionado. Pero tu mente subconsciente o más conocida como tú ser superior, está ejecutando cada palabra que tú dices y lo recibe como una orden. Y por consiguiente tienes los resultados tal como tú hablas, acoges los frutos tal como la semilla. Porque la mente subconsciente o tu ser superior, no reconoce y ni puede distinguir el tipo de semilla que siembras o mejor dicho, las palabras que dices. Es como la tierra que no reconoce el tipo de semilla que tu siembra. Lo único que hace es cumplir con la ley de la siembra y la cosecha. Tu mente subconsciente o tu ser superior, es como la tierra que lo que tú siembras eso es lo que tú obtendrás. Si no me crees no lo hagas, no te estoy dirigiendo estas líneas para que me creas, sino para que tú lo compruebes por tu propia cuenta y experimentes la verdad con tus propios ojos, porque es dando que se recibe. Yo diría, porque es sembrando que se cosecha.

Si te das cuenta la mayoría de las personas, por naturaleza nos preocupamos de los demás. Desde niños, nos han enseñado que hay que aprender del otro o de alguien más.

Lo terrible es que no nos dicen que solo va a ser una época o no nos despertamos de la realidad de la vida. Por ejemplo. Desde que éramos niños nos decían o nonos decían, sino que literalmente con sus actos nos transmitían que tenemos que depender de los demás. Y por consiguiente, aprendimos que, tenemos que hacer que otras personas dependan de nosotros.

Y vamos por la vida preocupándonos por el otro. Pero ya estuvo suave ¿no? ¿Qué es lo que quiere decir eso, que es dando como se recibe? Muy sencillo como esto. Primero, tienes que detenerte un momento en tu vida y pensar, yo también soy persona yo también estoy necesitado, yo también tengo sentimientos, yo también tengo familia y yo también soy un ser humano ¿Qué hago por los demás y que hago por mí? ¿Será que me estoy enfocando más en los demás y me estoy descuidando yo? ¿Será que me importa más lo que hago para el mundo, en vez de importarme lo que hago para mí mismo? Déjame que te diga que es muy fácil servir a los demás, darle a los demás, querer a los demás etc. amar al prójimo, apreciar al prójimo, ver las heridas de los demás, ver lo bueno y lo incorrecto del prójimo, en otras palabras; es muy fácil ver a los demás. Decía un amigo mío, es fácil verle la cola a otra persona, pero es difícil verte la tuya. ¿Y a ti? ¿Eres capaz de verte a ti como ves a los demás? Porque muchos saben quiénes son los demás, pero no saben quiénes son ellos mismos. Empecemos contigo mismo. ¿Tú te das suficiente tiempo para ti? ¿Para pensar, meditar de ti, te das tiempo para desintoxicar tu mente y tu corazón? Para empezar personalmente tenemos que detenernos en la vida, a observar no nuestro entorno, sino nuestro interior, nuestro yo profundo. Tenemos que empezar de ser el responsable, de buscar dentro de mí la vida. Porque si le llamas vida a lo que ves o aloque tus ojos observan, realmente eso no es vida.

Porque lo que es vida es eterno. Si no sabes que o cual es la vida, bienvenido(a) a este viaje fenomenal. Porque de aquí en adelante te diré que la vida no es lo que vez mucho menos, lo que te han dicho que es la vida.

Veamos entonces que significa dar. El dar es permitir que la otra persona obtenga algo. El dar es permitir que la otra persona obtenga algo de ti. Pero ahora tú te vas a dar a ti mismo, te vas a dar tiempo para saber quién tú eres. Eso también incluye el dar, el abrir los brazos y dar, no solo abrir los brazos para recibir, sino también para dar. Date el chance de Relajarte en este momento, sin importar lo que hiciste, o lo que estás haciendo, o lo que tengas que hacer. Eso, en este momento no es tan importante como tú. En vez de estar poniéndole atención a lo que hiciste o lo que tengas que hacer. Ponte atención a ti, sí a ti. Ponle atención a tus pensamientos y sentimientos y emociones. A tus acciones y a tus resultados. Ponle atención a todo lo que está sucediendo dentro de ti. Porque de los pensamientos, viene los sentimientos, y de los sentimientos vienen las emociones. Y de las emociones vienen las acciones. Y de las acciones vienen los resultados. Así que vamos a ponerle mucha atención a los pensamientos, porque no todo lo que piensas es verdad o correcto. Y no todo lo que piensas es incorrecto o verdad. Como acabas de leer, que los pensamientos tienen o deben que tener un control para que no te lamentes después. Tienes que a veces que atarlos al pie de la mesa para que obedezcan. Porque de adentro mana la vida ¿de dónde adentro? Pues nada más y nada menos que de tu mente. La mente es la vida y la mente es La muerte. La mente es la salud y la enfermedad.

Porque la mente es la pobreza y la riqueza. Con la mente se ganan las batallas. Y con la mente se pierden. Con la mente se goza y también se sufre. Con la mente se construye las guerras y con la mente se libera con la paz. Con la mente se toma la decisión de perdonar y con la mente se condena. Con la mente se toma la decisión de amar y con la mente se toma la decisión de odiar.

Con la mente se une y con la mente se divide. Con la mete mantienes a tu creador mejor dicho, con la mente mantienes la relación con tu creador y con la mente lo alejas de ti, y lo sacas de tu vida etc. Si no estás de acuerdo con migo entonces dime ¿de dónde carajos provienen todas las guerras, peleas en las familias, en los matrimonios, en las escuelas, divisiones en las iglesias, pandillas, terrorismo, divorcios, asesinatos, abortos, comparaciones etc.? Lo bueno viene del amor y de la mente, no del corazón. La paz, el gozo, el amor, la unión, la comprensión, la unión con un país a otro. No me digas que del corazón. Porque el corazón está ligado a la mente, para que llegue algo al corazón, primero tendrá que llegar a la mente. Bueno, podría decir que todo proviene del corazón, pero eso es incorrecto, porque tu corazón no es el patrón de tu mente, al contrario tu mente es el patrón de tu corazón, es más tu mente dirige tu corazón, porque entre más piensas tu corazón palpita más fuerte, sea lo que sea, te emociona o no. Tu corazón en este momento está siendo dirigido por tu mente, hay cosas en tu mente que tenia o tienes que bajar a tu corazón. Pero por x razón no has querido que tu mente moldee tu vida, cosa que tú sabes que lo tienes que hacer. Por ejemplo. Gente que sabe mucho, o es muy intelectual, o eminente, o eruditos de la materia. Y lo único que hacen es convertirse en maestros de lo que saben, pero sus vidas es un verdadero desastre, es un verdadero desorden, es un fracaso, en sus relaciones personales, y familiares.

¿Por qué pasa eso? Porque tiene que bajar al corazón para que haya un verdadero arrepentimiento y transformar la vida de una manera impresionante. Apartar el tiempo para uno mismo, es más importante que saber cómo es que el sol alumbra después de miles de millones de años. Apartar tiempo para ti es más importante que saber, o averiguar, si Dios existe o no. Ponerte atención a ti, es más importante que saber cómo es que el día y noche funcionan. Ponerte atención a ti o darte a ti mismo, es más importante que el saber dónde vas a trabajar mañana, o cómo vas hacer para que haya un poco de entrada. Porque te recuerdo que todo lo que necesites, o quieres está dentro de ti no afuera, afuera no hay nada. Confía en ti y sigue tu intuición. Yo siempre y digo que las plegarias son, el hombre hablando con Dios, pero la intuición es Dios hablándole al hombre.

Y después de todo esto resuelto, recalco que no te quedes allí, sigue buscando y leyendo que muy pronto solucionaras tus circunstancias. Pero claro cuando tú quieras por supuesto. Ahora sí podemos darnos a los demás y de la misma medida que midas a los demás, serás tu medido(a) porque de la misma medida que tu midas serás medido es decir, fíjate bien que es lo que estas transmitiendo en el terreno de los demás. Mejor dicho, que es lo que estas sembrando en el terreno de los demás. Decía mi abuelito, que lo que haces en este mundo aquí se paga hijo. Es decir, que todo lo que siembras consciente o inconscientemente eso recogerás. Y si no lo cosechas tú, lo recogerán tus hijos, porque dicen las sagradas escrituras, que la maldición o la bendición, corre hasta la cuarta generación o se transmite asta tus tataranietos. Éxodo 20:5.

Porque como dije hace un momento que la mente es la causante de todo. Dicen los estudios que el ser humano puede vivir sin el corazón, solo conectado a una máquina. Pero nunca puede vivir sin la mente o la cabeza. Ahora veamos lo hermoso que es ayudar a los demás o dar a los demás.

Proverbios 19:17. Dice que el que le presta al pobre, le presta a Dios, y este sabe pagar su deuda bien.

Ahora bien, muchas de las iglesias le ponen a esto o lo llaman con varios nombres. Por ejemplo. Diezmo, limosna, ofrenda etc. pero realmente lo que tienes que tener en cuenta es que las leyes naturales si existen, y están en función. Por ejemplo. La ley de los aviones se llama, aerodinámico, la ley de relatividad documentad, leyes de la telefonía, la ley de la gravedad, la ley de la experiencia. La ley de las unidades de medida. Leyes de la caída libre. Leyes de las colas y embotellamientos. Ley de la cinta adjetiva. Leyes de la vida, la ley de la atracción entre particular. La ley del nacer, crecer, reproducirse y morir. Y la ley de la siembra y la cosecha etc.

Esto es por mencionar algunas, tienes que entender que, seas creyente o no. Esa cosecha de la siembra, va a germinar. Un agricultor se pone a cultivar su terreno y siembra la semilla. ¿Qué hace la tierra? ¿Se va a levantar contra él y hacerle miles de preguntas? Claro que no. Como la ley de la siembra y la cosecha está vigente, si o si funciona. Al menos que llegue un animal y saque la semilla y se lo coma, o no más la saque, es mas aunque la saque esa semilla si en donde está, está húmedo, esa semilla echara raíces y crecerá. La tierra no le importa saber si el que sembró la semilla era creyente o no creyente, blanco o negro, o rojo o de colores, era mujer o hombre, adulto o joven, pobre o rico, santo o diablo, etc. claro que no. eso funcionara sí o sí. Pues esa siembra y cosecha también existe espiritualmente. Tengas conocimiento o no lo tengas, tendrás o cosecharas lo que has tirado. En gálatas 6:7. Santiago también dice que lo que siembras cosecharas. Si tu estas despierto(a) para darte al mundo. Y servir en la construcción de una nueva generación. Adelante, es el momento, ahora es el tiempo de escuchar a alguien o poner tu tiempo al servicio de los demás, para escuchar sus dificultades. Ahora es cuando. Cuando hablamos del dar no realmente estamos hablando de dinero, estamos ablando de todo. Recuerda que lo que das o haces a los demás se te devuelve.

Te quiero compartir una pequeña experiencia que hace unos años tuve el privilegio de tener. Algo que finaliza no tan romántico, ni tan agradable. Hace unos años conocí a un joven más o menos de unos 23 o 24 años de edad. Nos conocimos, bueno como cualquier persona que obviamente tiene que conocer a su amigo antes de hablar. Después de avernos conocido. Quedamos para hablar en unas dos semanas más, para un proyecto que yo tenía y él estaba interesado de asistir. Y claro que él quería experimentar su habilidad en la radio. Yo estaba interesado de una persona, y cabal él podía hacer lo que yo necesitaba que me ayudara con. Y nos vimos después solo por negocios. Pero cuando pasaron unos meses, dejamos de hablarnos. Y al momento menos esperado, el volvió a contactarme. Y le digo que tal amigo, que tú haces, hace Ratos que no escucho de ti. Mira me dice, yo necesito hablar con alguien ¿tú crees que puedo hablar contigo? Le dirijo la palabra y le digo, claro amigo, aquí estoy para servirte. Solo dime en que te puedo ayudar y te garantizo que si hay algo por la cual yo te puedo ayudar, yo te ayudare.

Me dice. Pero no quiero por teléfono, quisiera que habláramos en persona. Le digo claro, veámonos en tal lugar, en el día tal y allí hablaremos. Perfecto, me dice. Allí nos vemos: en ese momento me di cuenta que alguien necesitaba de mí, era el momento de dar un poco de lo mucho que yo tenía, que ya era tiempo. Llego el momento que quedarnos vernos, cuando nos juntamos en el lugar indicado, empezamos a charlar. Y él empezó a compartirme de su vida, que era lo que pasaba y que era lo que no pasaba en su vida. Me comento lo frustrado que él estaba de la vida, y de la gente que le Rodeaba. La vida de mi amigo en ese momento no era tan alegre, como él se miraba. Y bueno, como un hombre maduro como yo, le aconsejo. Claro que tu darás lo que tienes, aunque pretendas dar algo que tú no tienes no podrás darlo, porque es obvio no lo tienes. Desde esa ves volvimos a vernos seguido, ahora ya no era para negocios, sino que eran reuniones persónale. Cosa que allí me convertí en un consejero para su vida.

Pero lo que más importaba era que el reconociera el problema y en vez de huir enfrentarlo. Y así sucesivamente nos mirábamos seguido. Y en un día inesperado el colapsó ya no pudo con su vida. Todo lo que le estaba pasando y sucediendo en su vida explotó dentro de él. Yo ni nadie no podía hacer nada porque la última palabra la tenía el. Nos vimos una tarde de cinco a nueve de la noche, pero esa noche o ese momento ya nos vimos solo para vernos. Era como una noche interminable para mi amigo. Porque el paso llorando casi como una hora y media a dos horas enfrente de mí. Cosa que me preocupaba a mí al ver que era lo que estaba sucediendo, por su corazón y su mente. Yo no tenía ni la menor idea que era lo que pasaba con mi amigo. Pero lo que me alegraba era que yo estaba allí con mi amigo en ese momento y lo estaba acompañando con su problema. Cosa que yo miraba que no era tan grande como él lo miraba. Yo veía que lo que el tenia era algo solucionable. Pero él lo miraba como un monstruo que se le venía encima y que ni yo ni nadie podía quitárselo de encima. El dejó que eso o la preocupación, o la depresión reinaran en su vida, en vez de la paz y la serenidad.

Y al otro día después de esa noche tan extraña para mí y no para él. Yo hablé con él, me parecía que tenía que hacerlo y preguntarle cómo estaba después de esa noche, que él y yo estuvimos hablando. Y le llamé a la mañana siguiente. Y ese mismo día me entere, mejor dicho, dos horas después de cuando hablamos, me informan que él está muerto. Y el muere de una forma increíble. Cuando yo me entere de esa muerte me quede helado. Y dije ¿Qué mi amigo que estuvimos hablando anoche y que estuvo llorando, literalmente en mis brazos, y que hable con el esta mañana? Dije no puede ser. Y para no cansarte mi amigo fue historia para mí. Yo le aparte todo el tiempo que fuera necesario, para escucharlo y estar con él en sus últimos momentos de su vida.

Porque tu mi amigo(a) no sabes cuándo va a ser el último minuto que vas a estar con alguien. Por eso desde hoy hace el cambio. Si eres una persona que no contestas las llamadas, o los mensajes, o los Gmail, o las cartas. O hay alguien esperando una respuesta y tú por miedo, o temor al qué dirán no la has dado. Hazlo ahora. No dejes para mañana lo que puedes hacer ahora. Responde todas las llamadas, mensajes, Gmail, telegramas, cartas etc. Si tienes que pedir perdón a tus padres, parientes, amigos, enemigos etc. te aconsejo que lo hagas ahorita, deja la lectura de este libro y llama a los que tienes que perdonar, o a los que sabes que has ofendido, o te han ofendido. Si son tus hijos, hazlo ahora, y luego sigues leyendo este libro; no te gustaría que te sorprendan el día de mañana. ¿Ves que te sientes en paz ahora y te sientes mejor? El perdón es algo que sana, tan poderosamente que ni tienes idea, por eso te lo digo porque yo si la tengo. Ahora vez como la mente tiene poder de sanar tu cuerpo y la familia y el mundo completo.

Porque él no perdonar, es la raíz de todos los males y enfermedades del cuerpo como de la mente incluyendo el cáncer. Si estás pasando por una enfermedad incurable, te recomiendo que te eches un vistazo. Posiblemente no has perdonado a alguien y esa enfermedad es la cause de no perdonar. No estoy diciendo que eso paso recién, lo que digo es, que tal vez te volviste enemigo con alguien hace mucho tiempo y eso ya pasó. Pero si no se hicieron las paces, o no se perdonaron, sin duda alguna esa raíz del rencor, va carcomiendo todo tu interior, y ahora ya está reflejado en tu cuerpo. Y si no tienes ninguna enfermedad parecida, no esperes para tener una para poder otorgar el perdón y la paz, el gozo, la armonía y la serenidad. Has lo ahora este es el momento de liberarte de tu carga que vienes arrastrando por muchos años o incluso por décadas. Sea lo que sea ya sácalo, ya fue suficiente. Bueno, trata de disfrutar la vida hoy, porque la vida es hoy, no mañana ni ayer. El mañana y el ayer son tiempos que se te van de las manos. Ayer ya pasó y mañana jamás vendrá. Así que hoy es lo que importa. Lo que Realmente importa es lo que pasa hoy, no después. Repito, y te Recuerdo no dejes para mañana lo que puedas hacer hoy.

Camina en caminos diferentes hoy, no mañana. Perdona hoy, no mañana. Ama hoy, no mañana. Transmite la paz, la alegría, la mansedumbre, el cariño, la serenidad etc. Hoy no mañana. Abuza hoy, no mañana. Besa hoy, no mañana. Di que tu pareja, amigos, familia son importantes hoy, no mañana. Porque si no te arrepientes hoy, cuando vengas a darte cuenta ha partido y tu sin poder hablarle, cosa que lo podías hacer hoy, pero por cobarde no lo hiciste. Cosa que hoy podías ser más amable con esa persona y no lo haces. ¿Qué es lo que te detiene?

Dirige una plegaria a tu creador en este momento y dile. Señor yo lo ciento en lo más profunde de mi corazón, no por a verte ofendido a ti. Sino por a ver ofendido a mi prójimo. Que he podido dar y me he convertido en un(a) tacaño. Y pues me han importado más mis deseos que los de los demás. También he aprendido que me preocupo más de los demás y he abandonado tu creación que soy yo señor. Pero hoy mi vida ha cambiado y daré más. Porque ahora entiendo que hay más alegría en dar que en recibir y es como dando que se recibe. Gracias señor, por darme la oportunidad de cambiar y a descoger el camino que me llevara a la felicidad a mí y a mi prójimo. Gracias a la naturaleza por tener a alguien como yo, en esta linda tierra AMEN.

(13)

Perdonando que se es perdonado.

Como mencionamos hace un rato o mejor dicho, lo leíste hace un rato, la importancia del perdonar. *Porque si ustedes les perdonan a los hombres sus ofensas también el padre celestial les perdonara a ustedes. Mt 6:14.*

Si hay algo en la vida que a las personas se nos vuelve muy difícil es perdonar. El decidir que el daño que me ha hecho ya no me causara más daño, ni en mi mente, ni en mi corazón, que voy a pasar con fe y esperanza la página de este dolor. Y que podremos decir, hoy comenzare un nuevo capítulo de mi vida sin resentimientos ni rencores, con la luz del amor alumbrando nuestro horizonte.

Sino perdono, me encadeno a mi pasado. Sino perdono la oscuridad de la amargura llenara mi mente y mi corazón. Sino perdono soy un ladrón, pero yo no le robo a nadie más que a mí mismo. Me robo la paz, me robo la bendición y me robo de levantarme cada día sabiendo que hoy es mi oportunidad de ser feliz. Ya nuestro creador ya nos ha perdonado a ti y a mí, que hemos ofendido a muchos en este mundo. Si él ya nos perdonó entonces ¿Quiénes somos nosotros para no perdonar? Posiblemente puedes decir, es que esa persona no se merece mi perdón. ¿Pero tú quieres ser feliz? Libérese del peso del pasado por medio del perdón.

Veamos ahora algunas de las muchas enfermedades que la falta de perdón produce. La falta de perdón causa enfermedades físicas, la ira el resentimiento y la amargura, son como canceres que corroen nuestra alma y nuestra vitalidad. Cada mes existen más pruebas de que perdonar a quienes nos han lastimado u ofendido produce efectos curativos muy profundos, no solo en lo emocional sino en lo físico y el perdón es un poderoso antídoto para la ira y reduce el estrés, pero también es importante perdonarnos a nosotros mismos nuestras faltas, errores y deficiencias. Investigadores de la universidad de "Rockefeller en nueva york". En un estudio raizado comprobaron que la falta de perdón, afecta la salud y puede causar las siguientes enfermedades y dolor crónico de la espalda, perdida de la memoria, aumenta la presión arterial y aparición de males cardiacos, jaquecas, insomnio, neurosis, problemas de ulceras etc. como te das cuenta estas son una de la enfermedades que son la raíz la falta de perdón. Pero también antes que lo pase por alto, también la falta de perdonar produce el cáncer. Esa enfermedad maligna y mortal, puede ser una parte, porque no hay arrepentimiento y hace falta la reconciliación con persona. Pero te estarás haciendo la pregunta ¿pero como perdono, lo he intentado todo y no me funciona yo me siento lo mismo? Puede ser que sientas como yo me sentí una vez.

Una vez yo me sentí como tú, pase lo que tu estas pasando en este momento. En medio de esa desesperación grité y dije, ya no puedo más, estoy en un túnel sin salida ya no le encuentro salida a mi vida. Y en ese instante como arte de magia, como que si mi grito y la desesperación avía desencadenado algo sobre natural que yo desconocía, y dentro de mi escuché una voz que me dijo, eso no es cierto que tú no le encuentras salida al túnel donde tu estas. Porque déjame hacerte una simple pregunta, y con esta pregunta tan simple tú mismo encontraras la respuesta, ¿por dónde entraste? Cuando yo escuché esa voz y la pregunta tan directa, me puse a pensar, como es obvio que entre por una puerta o entrada del túnel. Y me di cuenta que si tenía salida y la salida era el mismo lugar donde yo avía entrado. Déjame te digo si tu estas en ese mismo suplicio, que no le encuentras salida al túnel donde tú te encuentras en este momento, eso no es cierto porque te aseguro que por donde entraste esta abierto. Y por consiguiente sal por donde entraste, que allí sin duda alguna todavía está abierta, y cuando lo agás te liberaras de ese horrible túnel o de esa horrible vida de tinieblas. Sabes, si el que te ofendió no está contigo o está en otro país, o incluso ya murió, entonces en ese caso te daré una cláusula que sin duda te sacara de allí. Solo recuerda que todos nosotros somos uno, si, así como lo oyes, en los millones de personas que existen, tú y yo nos movemos entre ellos y por consiguiente somos uno en todos y todos en uno. ¿Por qué cómo así? Como veraz, tú y yo somos eternos y un día volveremos a ser uno como lo éramos antes de venir a esta hermosa tierra. Sin importar color, raza, clero, religión, creencias, culturas etc. Sea el idioma que hables no importa porque al final somos uno. ¿Cómo puedo darme cuenta que en verdad somos uno? No sé si a ti te ha pasado pero a mí sí. ¿No te ha pasado que estás pensando en alguien y ese alguien enseguida te llama? ¿No te ha pasado que estás hablando de alguien y enseguida te das cuenta que ese alguien estaba hablando de ti, a la hora parecida a la que tu esta vas hablando? ¿No te ha pasado que estabas pensando en alguien y después te das cuenta que ese alguien también estaba pensando en ti, en esa hora que tú lo estabas haciendo? ¿No te ha pasado que le has hecho una broma a alguien de otra persona, y esa broma se cumple exactamente en la otra persona? Y así podría mencionar muchas experiencias más.

Yo sé que has tenido algunas experiencias parecidas a estas. Sencillamente porque nosotros o más bien dicho, tú lo has llamado con tu mente y esa persona ha recibido la llamada y lo único que está haciendo es respondiendo tu llamada eso es todo. Así similar pasa con lo espiritual, te sientes espiritual o no, tú lo eres porque tú eres un ser humano, teniendo una experiencia espiritual. Tú eres un ser espiritual teniendo una experiencia humana, si claro eso es lo que tú eres, lo creas o no. Este la persona frente a ti o no, para hablar bien o mal de ella, no importa donde este, esa persona está recibiendo todo lo que hablas de ella, que como estuviera frente a frente contigo. Porque la única diferencia es que si está o no esta lo único que ahora vez es su cuerpo, pero ella está en todas partes presente. Bueno, cuando tú hablas mal de una persona en privado, tarde o temprano recibirlas lo que has dicho en privado. Si le envías pensamientos de odio, envidia, codicia y te peleas con ella en privado o la quieres desaparecer de sobre la faz de la tierra y le envías todo tipo de pensamientos;

de frustración, de incomprensión etc. tarde o temprano veras lo que has sembrando por qué, esa persona está a la expectativa de la señal que tú le estas enviando, aunque la otra persona no tenga conocimiento de lo que está sucediendo, ella actúa como tal, porque tu así la programaste. Pero si al contrario en vez de enviarle estos tipos de pensamientos, le envías pensamientos de amor, cariño, comprensión, paciencia, amabilidad, paz, gozo, serenidad para la unión para reconciliarse el uno al otro. La persona entonces por consiguiente estará pendiente de lo que está sucediendo, aunque una vez más ella no esté pendiente, o no tenga noción de lo que tú estás haciendo o diciendo en privado.

El señor Jesús lo dijo de otra manera en. Mt 6:6 lo que dices en secreto o haces en secreto, tarde o temprano salera al público.

Porque nos han enseñado que cuando estamos solos es cuando, verdaderamente estamos solos, pero eso no es verdad. Cuando estés solo y cuando pienses que tu esposa o tú novia no te ve, estas equivocado, ellos están tan presentes que ni te lo imaginas. Cuando estás sola y creas que tú novio o esposo no te ve, tarde o temprano se enterara de lo que tú estás haciendo en privado. Cuando pienses que tus padres no te ven o tus hijos o tus amigo, ellos se enteraran muy pronto de lo que pasa en privado, es más tú mismo (a), les dirás con tu propia boca. Tú te confesaras ante ellos, porque si no lo savias y si lo savias te lo voy a recordar. Que la fuerza espiritual si está trabajando con poder, para que todo salga a la luz, porque ella es luz, porque ese poder es luz y no soporta las tinieblas, la desecha tan pronto como sea posible. Porque para la oscuridad no hay lugar en tu vida. Aunque quieras apartarla no podrás con ese poder tan fuerte, en vez de ir en contra, mejor alinéate y veraz, que harán un buen equipo.

Esta cita bíblica te la pondrá un poquito más claro, si la anterior no fue muy clara para ti, esta lo será.

Lucas 8:17 no hay nada escondido que no se va ser descubierto, ni nada tan secreto que no llegue a conocerse y salir a la luz.

Que más claro canta el gallo decía mi madre. Ahora que te has dado cuenta del poder del secreto. Ahora trabaja con el perdón, esté donde este la persona que te ofendió, u ofendiste, es más la persona ni sabe que te ofendió, pero tú estás ofendido. ¿Sabes quién sufre más el ofendido, o el que ofende? Por supuesto que el ofendido. Y el que ofende anda con la cara levantada, con orgullo porque te ha vencido. ¿Vienes arrastrando cadenas del pasado? ¿Qué son cadenas? Bueno, hay personas que porque no han hecho lo que han querido hacer en el pasado, es decir, en su vida pasada, ahora están frustradas, echa un vistazo a su pasado, y dicen ¿Qué hice para que se comporten con migo así? Yo pude a ver hecho muchas cosas mejor que estas, ¿pero porque no lo hice? Yo no estuviera aquí si hubiera tomado cierta decisión, o hubiera viajado a cierto lugar.

Yo definitivamente no estuviera como estoy. ¿Por qué ahora mis hijos no están con migo, que hice para que todos se fueran y me dejaran? Si no me hubiera casado con este hombre mi vida fuera diferente, y no fuera madre soltera. Si no hubiera conocido esta mujer, no hubiera perdido mi dinero, o si no hubiera abortado, ahora tuviera mi hijo con x años. Y se viene arrepintiendo por todo. Si yo no hubiera estudiando estuviera haciendo tal cosa. Si yo hubiera estudiando no estaría con la chusma haciendo y diciendo lo que todos dicen que hay que hacer. ¿Porque lo hice? O ¿porque no lo hice? ¿Porque dejé a mi esposa, o a mi esposo? con estas y otro tipo de cadenas, he conocido personas, incluso en la iglesia, o personas creyentes, que te dicen yo perdono pero no olvido. Esta eso tan encardado en su interior, que ahora son esclavos del pasado. Hay mujeres que dicen, si me hubiera ido de la casa antes, hubiera sido bueno, porque ahora que me quiero ir ya es demasiado tarde.

Mi querido(a) lector, déjame decirte a que se parecen esas cadenas. Imagínate que decides viajar a una montaña donde no pasan autos. Y dices bueno, yo voy a viajar, pero tengo ganas de llevarme algo con migo, aah ya se, voy a llenar barios quintales de maíz y me los voy a llevar, porque ahora que me acuerdo, hay una vecina que necesita maíz. Y agarras los costales de maíz y empiezas a caminar, caminas, y caminas. Llega un momento que tienes que descansar porque ya no aguantas, porque esa carga pesa demasiado para ti. Y sigues caminando, cuando ya has avanzado un poco te das cuenta que ya no aguantas, que tienes que dejar la carga, porque con el calor que está haciendo; sientes que los huesos se te están acalambrando, ya no puedes más. Y decides tirar la carga. Dices, demonios, que es lo que yo estoy haciendo, ahora que me acuerdo que mi vecino tiene unos caballos de carga, se me hubiera hecho fácil decirle que me los emprestar para llevar esta carga. Maldición yo aquí cargando por gusto. Y llega un momento que decides tirar la carga, y abandonarla, te das por vencido, te resignas ya no puedes más; me doy por vencido, porque lo que me estoy buscando es una buena acalambrada.

Y ves que habían otras alternativas, otras posibilidades de hacerlo diferente. En la vida querido lector(a), hay cosas que tienes que tirarlas, tienes que abandonarlas, y desacerté de ellas y darte por vencido. Ya fue suave, date por vencido, resígnate y di, hasta aquí llego con esta pasadía. No estoy diciendo que te resignes a la vida. Lo que digo es, que en la vida hay cosa que hay que dejar. Hay que resignare a cosas de la vida, no a la vida. Hay que darse por vencido a las circunstancias de la vida, en vez de seguir dándote golpes en la cabeza, déjalo y aprehende de eso.

Porque si te digo que te resignes a la vida, no sería constructivo para ti. Porque la vida no termina aquí, la vida sigue. La cosas o cadenas de la vida, si terminan aquí, pero no la vida. Ya tira el maíz, la carga que tú llevas. Ya date por vencido, ya sabes que no puedes con ello. ¿Entonces porque lo sigues cargando? Cuál es el miedo de dejarlo, cual es lo que te detiene para decir, no más al pasado, de ahora en adelante yo aprenderé de todas las circunstancias. Porque déjame te digo que todo lo que pasó no fue tu culpa, te apuesto que alguien más estuvo involucrado. Tú no hiciste lo que querías hace. De acuerdo lo entiendo. Pero seguramente hiciste lo que tuviste que hacer, hiciste lo que era tu Responsabilidad. Recuerda que todos los actos tienen su reacción. Los actos puedes cambiar, pero no las consecuencias de ellos; mejor dicho, cuando estas a punto de sembrar en ese momento tu puedes cambiar la semilla. Pero no podrás cambiar el fruto, eso es imposible. La semilla son tus actos, y el fruto son las consecuencias de tus actos. Ahora lo que estas recogiendo no son tus actos, son solo las consecuencias de ellos. Lo que te recomiendo hacer es deja eso a tu creador que todo lo puede. No está mal que digas ya no puedo más, eso es de valientes. Llego el momento de levantar la frente y volver a tu primer amor. Párate enfrente del espejo y trae la persona que te ha ofendido o has ofendido, y sientes que por tu causa esta como esta. Tráela a tu mente y mírate a los ojos a través del espejo y perdónala. Has lo mismo si esa persona ya murió, hace un pacto con ella, y dile me ofendiste, me siento mal estoy muy enojado(a) contigo, y tengo ganas de agarrarte del pescuezo y ahorcarte. Porque me tienes muy enojado(a). Después de reconocer todo esto vuelve a tu estado normal y di, pero en este momento te perdono, porque quiero recuperar mi libertad. En este momento déjame libre, y te dejare libre mejor dicho, te dejo libre desde ahora. Ahora envió mi amor para que nuestra reconciliación sea efectiva, te envió mi amor una vez más y te dejo libre. Y desde ahora le doy la bienvenida a mi libertad, y rompo la cadena de falta de perdón por mí propia cuanta. Se feliz y soy feliz, desde hoy soy sano(a).

Cuando tú haces esto conscientemente que uno somos, veras su recompensa. Pues claro estas palabras son solo una introducción, si gustas tú puedes decir, tus propias palabras dependiendo de tus circunstancias y dificultades. Mi consejo es, no lo hagas solo una vez, hazlo barias veces hasta que te sientas liberado(a), hazlo todos los días hasta que recuperes tu libertad.

Mi querido(a) lector solo hazlo no preguntes si funciona o no, o como es que funciona, tu solo hazlo. Ya cuando tu estas sano(a) tienes la capacidad de perdonar, y cuando lo haces ya tu creador te ha perdonado, porque es perdonando que se es perdonado. ¿Cuánto tiempo tengo que perdonar? El maestro le dijo a Pedro 70 veces 7. Es decir siempre perdonar sin medida.

El perdón es la medicina para esa enfermedad que tú tienes ahorita, el perdón es la respuesta de ese problema, de esa dificultad, de ese fracasó, en pocas palabras; el perdonar es la respuesta de la alegría y de la felicidad. Cuando el humano perdona es cuando empieza a vivir verdaderamente. El perdón no es un camino, es el camino hacia la reconciliación con el creador, y nuestros semejantes.

Dirígele esta plegaria a tu creador y dile. Señor, gracias en este momento te doy a ti, a la naturaleza, a mi naturaleza, a tu naturaleza. Al día, a la noche y al calor. Porque todo mi entorno

refleja tu divinidad. Especialmente dentro de mi ser profundo tus estas. Y desde hoy quiero perdonar a mis semejantes que tanto los he ofendido, y me han ofendido. Ahora señor yo los perdono y me perdono a mí mismo. Porque quiero recuperar mi libertad y sé que solo perdonando la recuperare. Quiero y debo y anhelo volver a ser feliz, como un día lo fui. Señor, desde hoy perdono al que me ofenda, y a los que yo ofenda en vez de esperar que vengan a mí, yo iré y los perdonare. Señor gracias porque tu sabes como yo también lo sé, que tengo la capacidad de amar, y perdonar. Ahora sacare este potencial, que hay dentro de esta máquina de tesoros que es mi ser AMEN.

Muriendo que se resucita a la vida eterna.

Resucitar a la vida eterna, religiosamente hablando podríamos decir, que tienes que morirte primero, para que resucites a la vida eterna. Pero como no estoy hablando religiosamente, ni soy religioso. Yo no creo que cuando mueras o mejor dicho, cuando abandones tu cuerpo o dejes tu cuerpo, empezara la vida eterna. Mucha gente. No todos, lo que hacen es, esperar la vida eterna hasta que se mueran, o que hay que hacer ciertas cosas para que tengas la vida eterna, o hay que pensar como x persona, para tener acceso a la vida eterna. Sino hace x por cosa, o no va a x templo, entonces esa persona está condenada a la desgracia, y se va derechito para el sheol o el infierno, o para el fuego eterno como tú le llamas. Lo que hacen los religiosos es salvar, y condenar a su propio parecer. Te dicen, como a mí no me parece lo que haces o estas condenado, no está aprobado(a) por Dios. Porque yo aquí le digo que hacer y qué no hacer, cuando condena o cuando salva a Dios. Así que aquí se hace lo que yo digo, y se cree lo que yo creo que creo que Dios cree.

Y así te empiezan a enseñar una vida desechable, una vida que no vale la pena. Te empiezan a decir que todo lo que ves es estiércol. Son tan profesionales que te sacan la biblia y te lo dicen bíblicamente. Te dicen que nada vale la pena, y que lo que importa es la otra vida. Y te preparan para la otra vida, que suponen es la vida verdadera, que lo que palpas y vez no es nada. Y se vuelven asesinos sin darse cuenta. Empiezan matando a miles de personas con sus creencias, y sus teorías que ellos suponen que tiene que ser así, porque cuando llegue ese día de partir, ya estarás listo. ¿Por qué digo que se vuelven asesinos? Por la sencilla razón que solo les enseñan a vestirse con saco y corbata, y las mujeres tienen que hacerse eso, o x cosa tienen que ponerse. O x cosa no tienen que ponerse, que tienen que vestirse como según ellos es lo que agrada a Dios. Como que si vas a ganar a Dios en generosidad, o que tienes que tener contento a Dios. Porque si no lo haces se te puede enojar, allí si el que enoje a Dios le cae un rayo. Como que si Dios fuera un padre orgulloso que hay que portarse bien, porque si no te chamusca las manos sino le complaces con tus sueños, tus metas y tus deseos en la vida. Y te empiezan a presentar a un Dios, no como él es.

Sino como ellos suponen es Dios. No te presentan a un Dios con amor, y que es el único que está de acuerdo contigo. Sino que te presentan un Dios que tú tienes que estar de acuerdo con él, sino lo estas, prepárate te dicen, porque el diablo está velándote, y cuando te descuides te va a comer a ti y a tu familia, etc. en vez de que te enseñen a amar la vida, y como vivirla, te ponen a aguerría, a pelearse entre prójimos, te buscan pelea donde no la hay. Y no más te enseñan a buscarte enemigos. Porque ya con esa mentalidad, y un nuevo patrón de pensamiento actuaras como ellos. Gracias a los demás que te han inducido a aprender nuevas cosas, te enseñan a solo hacer divisiones, a decir esto es lo correcto, esto es lo perfecto. Tienes que arrepentirte porque según me dijeron que si no lo haces, te vas a condenar. Pero no te dicen que si hace eso, tú te divides de los demás. No te enseñan cuales son las circunstancias de arrepentirse, para tu vida.

Al final si te das cuenta a Dios le sale sobrando tus creencias, o cleros, o dogmas. Porque el que va a cosechar todo lo que siembres vas a ser tú, no Dios. Así que todo lo que te enseñen, o no te enseñen. Todo lo que te hagan creer, o lo que no te hagan creer. Todo lo que te transmitan sea cierto, o no. Y todo lo que te enseñen, y pongan en tu cabeza. Y todo lo que haces, o no haces. Todo lo que dices y no dices. A Dios le sale sobrando. No es que no le importes a Dios, sino que él te deja que aprendas de tu propia vida. Primero, tú tomas tu decisión de manejar, o conducir tu vida. Segundo, si dejas que los demás manejen, o conduzcan tu vida. Con sus creencias, dogmas, mitos, Ritos etc. eso va a depender de ti. Pero todo lo decides tu aquí en la tierra y por consiguiente tu escoges tus propias circunstancias y consecuencias. Así que si dices creer en Dios, no lo uses en contra de los demás, o no lo uses a tu parecer, o según tu es Dios, o según cómo te han dicho hay que usar a Dios "A DIOS LO RESPETAS".

Déjame decirte en estas líneas, que si tú eres alguno de los que enseñan religión, hazme el favor y respeta a Dios. Dios no es cualquier cosa para que lo pongas, o lo uses como tú quieras, o donde tú quieras. A Dios tampoco lo uses en contra de tus hermanos; Jesús es verbo y no sustantivo. Diría Ricardo Arjona. RESPETALO.

Toma la responsabilidad tú, y no le eches la culpa a Dios. Y si eres una persona que fue enseñado(a) de x forma. Es tiempo que recapacites, y de una vez por todas abre los ojos y empieza a tomar control de tu vida, y a tenerse a las consecuencias de tu vida. Tú no eres un Robot que alguien te pueda usar, o utilizar a su manera. Es más, ni Dios puede hacer eso. Tú eres completamente libre para hacer con tu vida como bien te parezca. Porque al final tu recogerás lo que siembras. Te recomiendo que escojas lo puro, lo santo, lo digno de aplaudir, lo reverente, lo amable, lo paciente, lo temible, la unidad, la felicidad, etc.

quiero decirte una teoría mía, los que aman el mal tendrán su recompensa. Los que aman el bien tendrán su recompensa. Mi teoría es que el infierno está lleno de pecadores, y el cielo también. Pero la diferencia entre ambos es que en el infierno, los que están allí, son pecadores que amaron el pecado o lo incorrecto, no dieron en el blanco, escogieron todo lo que pudría el cuerpo y el alma. Y los pecadores que están en el cielo al contrario de los primeros, son pecadores que día tras día que pasaba, Vivian un día a la vez, y aborrecieron lo incorrecto, eso que pudría el cuerpo y el alma. Al contrario escogieron todo lo que merecía alabanza, gloria, y poder.

¿Porque dije hace un momento que este tipo de personas son asesinas? Porque les matan sus sueños, sus metas, sus propósitos, sus deseos de cambiar su vida etc. no digo que estoy en contra de este tipo de enseñanzas. Lo que digo es, que si crees que, no es la enseñanza correcta que está recibiendo, inmediatamente cambia de rumbo, antes que sea demasiado tarde, y ya el mundo con sus creencias te acabe los últimos años de tu vida.

Cuando hablamos es muriendo que se resucita a la vida eterna. No religiosamente, sino con mente abierta. Recalco que yo no soy religioso, yo soy un hombre sin fronteras es decir, para mí las religiones es un buen lugar para hacer el cambio de vida. Pero también las religiones es un buen lugar para perder la vida. Para mí las religiones es un buen lugar para esconder la hipocresía y la maldad. Porque en las religiones es el lugar donde más mascaras usa la gente y ya no son ellas sino personas enmascaradas. Bueno, solo quiero decirte que yo hablo de mi experiencia de vida. Si te parece que no es la verdad está bien. Yo no te estoy hablando, o escribiendo estas líneas para que te convenzas de lo que te digo, sino que para que abras los ojos y te des cuenta exactamente a donde es que estas, y adonde es que perteneces, ¿sabes a donde he encontrado más enemigos y más envidia, lujuria, codicia, avaricia, y cuando te ven salir adelante lo que hacen es hundirte? Pues donde más, en las religiones que el hombre se ha inventado, digo no todas son así, algunas ya casi son santas. Y lastimosamente en esas algunas yo me encontré allí en su trampa. Pero qué bueno porque me esforcé a ver qué era lo que estaba sucediendo. Y me di cuenta que de cuatro, o cinco años yo estaba en tinieblas. Repitiendo lo que los demás decían. Haciendo lo que los demás hacían. Caminando como los demás caminaban. Creyendo como los demás creían. Al final me di cuenta que yo no era nadie, que yo solamente, era una bocina repitiendo las hondas que le llegaban a través de el amplificador, y eso era todo lo que yo hacía. Déjame decirte que el maestro dice algo que me llama mucho la atención, y quiero compartirlo contigo en este escrito.

Juan 12:24 les aseguró que si el grano de trigo al caer en tierra no muere, queda el solo; pero si muere da abundante cosecha.

¿Qué significa morir para vivir? Se refiere a morir en la carne, renunciar a los deleites y tomarse la vida muy bien serio, pero no tan enserio. O sea que deshacerse del pecado, día cada día. Quiere decir que tienes que darte cuenta que la verdadera vida depende de la conexión que tengas con el espíritu. Morir para vivir…….. En realidad significa que a veces hay que matar lo que aparentamos ser, deshacernos de nuestros pensamientos que yo soy perfecto. Pero yo sé que hay algo que yo tengo que soltar. Por supuesto que no se hace de la noche a la mañana. Se necesita tiempo para reflexionar y comprender que nos conviene, para el futuro venidero tenerse en cuenta uno mismo, también su entorno.

Morir a este mundo. A la mentalidad a este mundo, a sus creencias a sus valores, a sus premios, a sus miedos. No sigáis las costumbres de los pueblos...... se lee en el antiguo testamento. Para comprender en realidad que significa morir para vivir. Es preciso en primer lugar darnos cuenta cómo vivimos, como se forma nuestra personalidad, quien creemos que somos, si gustas esto lo puedes leer en primera persona. Hay que darse cuenta hasta qué grado somos producto de la cultura. Del sistema del como experimentamos las creencias de otros. No vivimos, no experimentamos un modelo de mundo. Por lo tanto cuanto más te des cuenta de esto, más claro te va a resultar la necesidad de terminar con esta situación de morir a este mundo, de terminar con una personalidad, producto de este mundo. No me estoy refiriendo al mundo físico. Sino a la mentalidad que también la integran las religiones con su falso mensaje. Sufra ahora que cuando se muera obtendrá su recompensa.

Les aseguró que si el grano de trigo al caer en tierra no muere queda el solo; pero si muere da abundante cosecha. Juan 12:24.

Oremos:

Señor desde hoy hago un pacto no contigo, sino con migo mismo. Para

morir al mundo, para morir al yo ego. Morir a mi cultura, morir a mis creencias falsas de los demás. Morir al mundo, no al mundo físico, sino que lo que el mundo ha sembrado dentro de mí; ese mundo que no me ha dejado volar. Desde hoy me levanto y volare, como tú lo tenías en mente desde mi creación "AMEN."

15

Resumen

Ya hemos meditado el poder de estas palabras. Que sin importar su religión o raza. Lleva ya más de ochocientos años de transformar vidas alrededor del mundo, y hemos visto un poco de lo que estas palabras nos pueden enseñar, a nosotros y a los demás. Le vamos a demostrar al mundo, que nosotros somos diferentes de los demás. Y por consiguiente vamos a leer, buscar, explorar la naturaleza; puede ser que haiga por ahí algo que no sabemos todavía. No estoy hablando de la naturaleza de la madre tierra. Sino que estoy hablando de nuestra naturaleza. Después de esta reflexión muy profunda. Quiero compartir una historia muy constructiva. Con cada frase de la oración te compartiré, una comparación, o anécdota por cada palabra. Finalicemos con estas hermosas anécdotas.

❖ **Oh señor hazme un instrumento de tu paz.**

¿Qué ves en el vidrio?

En una ocasión, o en cierta oportunidad. Hace ya varios años, un millonario, o una persona rica; una de esas personas que son avariciosos. Se acercó a un sacerdote ya viejo e inteligente en busca de un mensaje, o enseñanza. Éste se dirigió con el sujeto a una ventana y le dijo, "ahora observa, a través de ese vidrio, y dime qué ves" "personas" contestó, el comerciante. Mira aquí tienes a otro "que ves ahora" "o me observó a mí". Respondió al instante el avaricioso hombre. "He ahí mi querido hermano". Le dijo el sacerdote, el santo varón. "en la ventana hay un vidrio y en el espejo por puesto, hay otro; lo que sucede es que el vidrio del espejo está cubierto con un poquito de plata, y en cuanto hay un poquito de plata de por medio olvidamos, o dejamos de ver a nuestros hermanos y sólo nos observamos a nosotros mismos". ¿Que ves?

Moraleja:

La moraleja de esta historia, de esta pequeña historieta que te acabó de transmitir. Te escribo de qué hay momentos en la vida que dejamos de observar a nuestros amigos, en pocas palabras, dejamos de observar al otro, dejamos de observar al que nos echó la mano cuando más lo necesitábamos. Y ahora cuando lo necesita no lo hacemos, nos olvidamos de los demás; Lo único que hacemos es que los envidiamos, pensamos, o piensas que todos son iguales, piensas que todas son iguales, eso es lo que hacemos, nos volvemos avaros, o avariciosos, o tan egoístas que todo lo queremos para nosotros todo lo quiero para mí. Decimos yo soy el que importó, yo soy el que tengo que comer, yo soy el que tengo que alimentarme, yo soy el que tengo que trabajar, yo soy el que tengo que estar en ese puesto, Yo soy esto, o yo soy el otro. Pero nos olvidamos que los demás también comparten nuestro hogar, los demás también comparten esta tierra a pesar como son a pesar de lo que tienen, o de lo que no tienen. Recuerda ¿qué es lo que ves a través de la venta y que es lo que ves a través del espejo?

❖ **Donde hay odio, lleve yo el amor.**

El Amor Sincero:

Un par de jóvenes, que estaban sumamente enamorados y querían construir un matrimonio, unos 3 o 4 meses antes de que la boda se llevará a cabo.

Lastimosamente ella tuvo un gran accidente y quedó completamente quemada del rostro; muy horrible, "no puedo ser tu esposa". Le comunicó en una carta a su prometido. "Quede marcada y horrible por el accidente que tuve y eso es para siempre. Tú eres libre búscate a otra mujer que sea hermosa, cómo realmente tú lo mereces. La verdad yo ya no soy digna de ti". A los pocos días después esta joven recibió una carta de parte del muchacho. Diciendo: "el verdadero indigno de casarse contigo soy yo, lamento mucho comunicarte la noticia que yo también me he enfermado de los ojos y mi doctor me ha dicho que estoy perdiendo la vista rápidamente; Y por consiguiente voy a quedar ciego y mi doctor me dijo qué estoy perdiendo muy rápido la visión. Si al escuchar esto todavía estás dispuesta a casarte conmigo, Yo sigo sumamente enamorado de ti y quiero casarme contigo". Y llegó el momento de casarse, se casaron el uno al otro tal como eran, el muchacho estaba completamente ciego; había perdido la visión. vivieron por lo menos 25 años de felicidad, alegría, amor y comprensión el uno al otro. Ella fue su luz para él, ella se convirtió en los ojos del muchacho; en su luz en las noches y en los días, porque él no tenía visión.

El amor que sentían mutuamente los fue llevando por ese túnel de tinieblas y oscuridad. Cuando ella estaba a punto de morir, y estaba agonizando sentía por supuesto dejarlo solo en sus noches, en sus días y en sus tinieblas. En el momento que murió, en ese instante el hombre o el novio, o el esposo en este caso; abrió sus ojos, "no había perdido la visión" dijo, ante el espectáculo de todos; pues estaban indignados porque él había fingido que estaba ciego. Él respondió, "le dije a ella que había perdido la visión para que ella no se figara y no se asustara al creer, o pensar qué yo tal vez podría verla con el rostro desfigurado, y tal vez no la podría llegar a amar, porque creía que yo no la amaba con ese rostro desfigurado, por eso fingí ser ciego y amarla tal como ella era; ahora mi esposa, mi todo descansa en paz y todo mi amor también descansa en ella.

Moraleja:

La moraleja de esta historia es, que nos manda a tener un amor sincero. Algunos podrían decir que éste le había mentido a su esposa. Pero si la esposa, se hubiera dado cuenta que él tenía la visión o miraba bien observaba bien. Ella se habría sentido avergonzada de su horrible rostro; él la amaba incondicionalmente, y por esa razón no le importó el rostro, o lo exterior. a el importo su corazón, le importa sus sentimientos, le importaba el amor, le importó lo que ella sentía, lo que ella creía, y de lo que quería tener en la vida, eso era lo que importaba, él no le importaba nada más. Ahora en día hay muchos jóvenes, que se dejan llevar por el exterior; cómo se viste, cómo se peina, cómo se maquillan, o cómo bailan, cómo se divierten, cómo se tratan, como los tratan increíblemente como son, como es el cuerpo que tienen les gustas o no les gustas, se dejan llevar por lo exterior. Y se olvidan que lo exterior pasará, se olvidan que lo interior es lo que importa; lo más importante del interior, eso es lo que importa. Puede ser una mujer fea, puede ser un hombre feo. Pero dentro de su corazón es el hombre más responsable del mundo, es el padre más responsable del mundo, es la mujer más responsable del mundo, la madre más responsable del mundo, es la esposa más responsable del mundo, eso no importa. No olvides mi querido lector que lo que importa es lo interior; el corazón, los sentimientos del pensamiento, el amor eso importa, lo demás sale sobrando, lo demás pasará. ¿Quieres hacer feliz a alguien? ámalo tal como es, quiérelo tal como es, y acéptalo tal como es:

❖ **Donde hay ofensa, lleve yo el perdón.**

Llevar el perdón, donde nos han ofendido. No es nada fácil esto es sólo de valientes; y la valentía, debe permanecer en la puerta de tu corazón, debe permanecer contigo, porque la vas a necesitar tarde, o temprano. Porque lo ofenden a uno sea en el trabajo, sea en la iglesia, sea en el ministerios, en el hogar, en el matrimonios etc. nos van a ofender, vamos a sentirnos ofendidos; incluso cuando las personas crean que no nos han ofendido, vamos a sentirnos ofendidos en el momento menos esperado. Es muy importante para que tú y yo aprendamos a poder dialogar; no solamente con los demás, sino que con nosotros mismos. No sé si te ha pasado como a mí me ha pasado, que te has ofendido tú mismo y no te perdonas tú mismo, no levantas la cara porque sabes quién eres. Es que hay errores ocultos, o pensamientos ocultos, o hábitos ocultos, que nadie lo sabe solamente tú lo sabes, pero si, estás consciente Que Dios lo sabe y por esa razón te sientes ofendido tú mismo, te sientes achicopalado, te sientes de alguna manera ofendida contigo mismo, o contigo misma porque el perdón todavía no ha entrado a tu corazón. Es muy importante perdonarse a uno mismo, aceptarse a uno mismo para poder perdonar a los demás y poder aceptar a los demás. Te quiero compartir una pequeña anécdota que la escuche hace años y me ha parecido interesante que va con el tema; donde hay ofensa llevé yo el perdón. Porque muchos queremos recibir, pero no dar, queremos que nos den, pero nosotros nos hacemos los duros para poder dar. De esta pequeña anécdota creo que vamos a aprender mucho:

El Puente De Los Dos Parientes.

Hace mucho tiempo atrás, dos parientes es decir dos hermanos muy cercanos que vivían en granjas y las granjas estaban muy cerca una de un hermano y otra del otro hermano. Tuvieron un pequeño conflicto y una discusión. Este era el primer problema, o la primera dificultad que tuvieron después de 50 años de cultivar las tierras de cultivar, o los terrenos. Se ayudaban el uno al otro y siempre estaban juntos, compartían el trabajo y por supuesto que intercambiaban sus productos y su alegría de formar; parte de la naturaleza y estar juntos como hermanos. Esta celebración que se extendió por mucho tiempo, terminó rápidamente. De la noche a la mañana inició esta discusión, o esta división. Con un pequeño malentendido que fue poco a poco creciendo, para llegar abrir un espacio entre los dos parientes que explotó en un intercambio de comunicación, cuando estaban hablando, se traspasaron palabras amargas y en el transcurso de meses de silencio. En una mañana, alguien tocó a la puerta de Juan.

Cuando Juan escucha que alguien está tocando a la puerta, el Abre inmediatamente la puerta y encuentra a un hombre con unas herramientas buscando trabajo. "Estoy buscando a dónde trabajar" dijo el hombre. "tal vez usted podría necesitar unos pequeños arreglos, o unas pequeñas reparaciones aquí en esta hermosa granja, yo tal vez le puedo servir en algo" "Sí" dijo el mayor de los hermanos, "por supuesto que tengo un trabajo para usted" "Sígame; mire usted a la distancia ahí hay un río en aquella granja, que usted puede observar, ahí vive mi hermano menor, hace unos meses había una linda amistad entre nosotros dos, y él tomó su camino y decidió ir por su lado. Y el desvío el río al otro lado para que quedara entre nosotros una barrera. Tal vez él pudo haber hecho esto para enojarme, pero lo voy a sorprender con una mejor. ¿Ve Aquel lugar de desechos de madera queda cerca del granjero? me gustaría que usted agá una fenece como de 3 metros de alto, porque ya no quiero verlo más, él me ha hecho una, y yo le hago otra".

El buen hombre que estaba buscando trabajo le dijo "estoy pensando, que entiendo y Comprendo lo que está sucediendo aquí entre ustedes dos, pero por favor señor Muéstrame, Dónde puedo encontrar la madera, los tornillos y las herramientas; y le aseguró que le entregaré un buen trabajo que se quedará contento". El hermano mayor, en camino al hombre que buscaba trabajo, o al carpintero;

a reunir materiales que fueran necesarios para construir esta barrera. El hermano mayor se retiró al pueblo a hacer unas compras, y el carpintero se quedó trabajando. Cuando el hermano mayor regresa del viaje, el carpintero ya había finalizado con su labor; el hermano mayor quedó completamente asustado no podía entender lo que estaba viendo, no había por supuesto ninguna cerca, o ninguna barrera.

No creía lo que estaba viendo, en lugar de eso había un hermoso puente, un puente tan grande que pasaba sobre el río que unía una granja con la otra. Era un hermoso trabajo. En ese instante su hermano menor vino caminando desde su granja sobre el puente, y abrazó fuertemente a su hermano con sus ojos llenos de lágrimas. Le dirigió la palabra y le dijo "eres un gran hermano por haber construido este hermoso puente, que después de que yo te hice tal daño, tú haces un puente para que los dos nos podamos reunir; Gracias hermano, y perdóname por no a ver pensado acerca de la reconciliación". Muy callado Y en silencio el carpintero agarra sus herramientas las pone en su bolso, y decide irse a casa. Cuando el hermano mayor se da cuenta que el hombre que avía contratado, ya se estaba yendo, le grita. "por favor no te alejes todavía, quédate aquí con nosotros que tengo más trabajo para ti, y estoy seguro que mi hermano también tiene trabajo para ti". A lo que en ese momento el hombre responde y dice, "Me encantaría quedarme aquí con ustedes, pero lastimosamente tengo muchos puentes más que construir, mucha gente me necesita así como ustedes me necesitaron para construir un puente, ahora yo sigo construyendo puentes.

Moraleja.

Llevar el perdón donde nos han ofendido. Eso duele hasta el alma, eso duele lo más íntimo de nuestro ser, y lo más íntimo de nuestro corazón. Por favor no me digas que vaya a perdonar si me han ofendido. Por favor no me digas que perdone, si llevo la sangre espesa porque odio esta persona, no aguanto ver esa persona, mucho menos a escoger poder perdonarla. A veces te has dicho esas palabras. Yo me las he dicho, no puedo hacer más porque me han ofendido, me han quitado lo que más quiero, me han arrebata de las manos lo que yo más adoro. ¿Y ahora están diciendo que perdone? Por favor. Por supuesto que no es fácil amigo y amiga. La vida es fácil cuando tú te la sabes llevar y aprendes que ella sea tu amiga. En vez de ir en contra de la vida, mejor ir a favor y estar de acuerdo con lo que venga. La pequeña anécdota que hemos leído. El carpintero estaba ahí para construir puentes, para que unos perdonen al otro también y los que estén con rencor y perdonen los unos a los otros. La pregunta para ti es ¿estás siendo de puente para los demás, o estás construyendo puentes para que los demás se reconcilian? Posiblemente no. pero tú puedes ser el puente para los demás. Y si no; te hago un llamado que te reconcilies contigo mismo para poder reconciliarte con los demás, con el que te ha ofendido, o aquel que te ha apaleado, a los que no te han respetado. Lo más importante es reconciliarse con los demás. Llevar yo el perdón en vez de esperarlo. Como ya lo hemos visto, en la mayoría de estos casos te duele el corazón, te duele el alma, o el espíritu por culpa de esta persona. La familia está dividida, si éste es el caso. Si es así este es el momento de poder levantar los brazos al cielo y decirle ya no más, ya no aguanto, aceptaré la vida tal como es y perdonare:

❖ **Donde haya discordia, que lleve yo la unión.**

Llevar la unión dónde está la desunión, o donde hay división no es fácil, es un poco difícil llevar la unión y ser parte de la unión por supuesto. Pero quiero decirte que todo es posible en la vida, nada es imposible, todo lo que quieres lograr se hace posible; gracias a tu voluntad, gracias a tu entrega, gracias a tu cambio de vida. Para ser parte de la unión y ser parte de las bendiciones de los demás, debes de arrepentirte. Porque el propósito aquí es ser parte de la bendición y ser parte de la respuesta de Dios en esta tierra. y por esa razón estás leyendo este libro, y por esa razón estoy escribiendo yo más libros. Yo creo que soy la respuesta de muchas personas que están llorando día y noche. Mejor dicho, yo quiero ser la respuesta para ellas. Eso debe de ser tu propósito, debes de ser la respuesta para estas personas más necesitadas que están clamando por una respuesta. Ahora vamos a ver una pequeña anécdota titulada, el estar unidos es más fuerte que tener un conflicto, o estar en problemas.

La unión, es lo único que une.

En cierta ocasión. los hijos de un campesino no tenían nada más que hacer, que pelearse; se peleaban por todo lo que sucedía y lo que no sucedía, se peleaban por cosas que no valían la pena, se pelean por situaciones que nadie las podía explicar, solamente la querían explicar peleando: por ejemplo. Peleaban, y se comparaban que quién es el mejor, tú eres el menor, yo soy el mejor, yo soy el mejor montador de caballos. etc. etc. etc. el campesino se queda viendo y a la misma vez escuchando las voces y las actitudes que tenían estos muchachos. Para darles fin a estas peleas, el campesino hiso lo siguiente, decidió darles una lección de vida se acercó a ellos y les dirigió la palabra diciendo "paren de pelear si son muy amables, vállense a juntar unos palos pequeños y tráiganlos aquí". Los muchachos cuando escucharon la orden a regañadientes y peleando y discutiendo, obedecieron. Y cuando ya tenían los palos en sus manos volvieron al lugar ante su padre; éste les dijo "traigan más palos, junten todos los palitos y agárrenlos fuertemente, amárrenlos con esta cuerda que tengo en mis manos, amárrenlos bien con estos lazos que tengo en mis manos".

En ese momento hicieron lo que su padre les había ordenado. "Veamos ahora quién es el más potente de los dos" dijo el papa; "intenten ahora de romper este grupo de palitos" dijo el padre. Los dos muchachos hijos del agricultor, se dedicaron entonces a ello. Y con todas las fuerzas, pusieron los pies sobre los palitos, usando todas sus fuerzas con las manos, con el cuerpo y cada uno tomaba su turno; primero uno y después el otro. Cuando miraron que no podían romper o quebrar los palos, inmediatamente el padre le dijo. "ahora inténtenlo los dos juntos, intentaron y intentaron, no pudieron también quebrar los palos; se sintieron derrotados por los palitos y se dieron por vencidos, le dijeron a su padre que eso era completamente ridículo e imposible que ellos podrían quebrar esos palos. ¡Porque estaban atados! "está bien" dijo el Padre! "en este momento quiten la cuerda, desaten los palitos intenten ahora de quebrarlos uno por uno".

Quitaron la cuerda en ese momento y empezaron a quebrar los palos uno por uno. Claro que no les costó mucho trabajo cumplir esta orden, porque ellos tenían la suficientemente valentía de poder quebrar estos palitos, porque ahora no estaban atados.

Al momento después, todos los palos, o los palillos estaban completamente partidos; se dirige el padre hacia los hijos y les dice; "exactamente lo mismo lo que acaba de suceder con esos palitos sencillos y débiles, le puede suceder a cualquiera de ustedes. Si se separan o nos separamos somos fáciles de que nos quiebren, pero si nos unimos como estos palos estaban bien atados a la cuerda, nadie nos podrá vencer, ni nadie nos podrá separar. La discusión no es recomendable, las peleas tampoco. Cuando se trabaja con la ilusión de una misma causa, tenemos más potencia que nadie, somos más poderosos en el mundo; si nos unimos a cambiar nuestro entorno, seremos tan fuertes y tan poderosos que nadie se atreverá a hacernos daño con facilidad. Les dijo el padre "aprendan ustedes, que si desean apartarse no serán más que unos palillos sueltos, Y si nos unimos seremos más fuertes que nadie".

Moraleja.

Cómo te das cuenta, estaban discutiendo por tonterías de la vida, por tonterías del mundo. estaban discutiendo por quién era mejor, quien hablaba mejor, quién era más guapo, quién era más lindo, quién podría montar los caballos, y no podría montar los caballos, quien tenía más dinero, quien no tenía más dinero, quién podría hablar mejor, quien no podía hablar mejor, quién hacía mejor las cosas que no las hacía mejor. Y empezaban a medirse por la cantidad de palabras que decían por lo que cuánto dinero tenía, cómo hablaban, cuál era su profesión. Ya te imaginarás cuál era la discusión que estos tenían. Porque el mundo nos ha enseñado a que midamos a las personas, por lo que tienen, por lo que dicen, por la profesión que tienen, o por el diploma que traen colgado en la pared. De esa manera empezamos a confundirnos, porque creemos que la gente se mide sólo por el talento, por el dinero, por la riqueza, o por la profesión que tiene.

Aprendamos en este momento, a través de esta pequeña anécdota. Que si nos unimos como familia, entonces podemos marcar la diferencia hacia nosotros mismos y de los demás. Porque discutir y pelear por cosas que no nos traen beneficio, estaremos perdiendo energía y eso no queremos. En la vida queremos ganar energía en vez de perder años, queremos ganar años en vez de perder salud, queremos ganar salud y no perderla.

❖ **Donde haya duda, que lleve yo la fe.**

La fe y el Paraguas.

Había una vez, en un pequeño pueblo de una zona rural; ya hace siglos. En ese tiempo hubo una gran sequía que todos los habitantes del lugar eran amenazados con quedar completamente en la ruina, debido por supuesto a que no llovía; los frutos de las plantas o del maíz no producían, porque necesitaba agua a pesar de que todos los habitantes del lugar creían y tenían una gran fe en Dios. Ante las circunstancias qué estaba sucediendo en ese momento, corrieron inmediatamente al pueblito a ver al párroco y le dijeron. "padre si dicen por ahí, que Dios es tan poderoso entonces roguemos para que nos envíe el agua, porque ahora más que nunca necesitamos de la bendición de la lluvia, para salir de esta angustiosa situación". "bueno" dijo el padre. "estoy de acuerdo le rogaremos a Dios, pero debe de haber una pequeña condición muy lógica y voluntaria de su parte".

Todos los habitantes preguntaron ¿"de qué se trata? Por supuesto que así lo vamos hacer, también nos acercaremos a misa todos los días". Entonces todos los habitantes del lugar, comenzaron a ir a la iglesia, todos los días. Los días, transcurrían las semanas transcurría, y la bendita lluvia que tanto se necesitaba no se hacía presente. Un día de esos, fueron los campesinos a enfrentar al padrecito de la colonia, a reclamarle que porque no había lluvia. Le dijeron; "padre usted nos dijo la ves pasada, que si le rogaríamos a Dios con fe, él iba a envía la lluvia; él iba a responder a nuestro ruego y a nuestro clamor, pero ya van varios días y no hemos visto la lluvia, ni tampoco hemos visto respuesta de parte de Dios". El párroco se dirigió a ellos y les dijo, ¿"Ustedes han pedido con fe verdadera"? "si por supuesto así lo hicimos" respondieron algunos. El padre les dice, "si dicen ustedes haber perdido con fe verdadera y rogado a Dios desde lo más profundo de su corazón, porque durante todas estas semanas, nadie de ustedes vino a misa con un paraguas. Hombres de poca fe porque han vacilado".

Moraleja.

Mi querido y querida lector, en este momento hemos finalizado una enseñanza pequeña, pero muy práctica. Podemos ver la sencillez de esta pequeña enseñanza que hemos leído, y hemos analizado. Digo, hemos, porque tú lo has leído, y yo la he escrito, tú la estás meditando y yo la medité. También es muy importante rogar, como decía un santo por ahí, orando orando y con el mazo dando, orando orando y caminando. Bueno, eso yo lo añadí, pero también va al asunto; es importante caminar con fe verdadera, pero ponerle actitud verdadera, es decir, si dices, que vas a obtener trabajo, levántate y ve a buscar trabajo con tu almuerzo y con tus zapatos de trabajar, no con zapatillas de bailar. si dices que tienes fe, ve a buscar ese trabajo; pero ya creyendo que estás trabajando, si quieres que llueva en tu tierra, vete pero no olvides llevarte el paraguas, o la sombrilla, porque si dices tener fe y no llevas contigo nada; ¿Cómo representar esa fe entonces? eso es mentira. Es bueno caminar por fe, pero también caminar con razón. y la razón es poner al servicio lo que tienes, para que la fe haga lo otro que tú no tienes. Creer en lo imposible es poner un grano de arena con lo posible. Así es que la próxima vez que desees, o quieras algo, asegúrate de llevar contigo la semilla de la fe qué es el paraguas. El creer que ya estás sano, ya tienes el trabajo, ya tienes la casa, y ya tus hijos están sanos, que tu matrimonio está en unidad. Es muy buena caminar por fe, pero si no llevas nada en concreto, ni sabes para dónde vas. Entonces estás perdiendo el tiempo, sólo estás echando un vistazo y ahí te quedarás dónde estás.

Porque si no tienes obras, vas a parecer como aquella lanchita, que lleva sólo una paleta para moverse; está dando vueltas y vueltas y vueltas y vueltas en el mismo lugar. Como el ratoncito y no sale de ahí. Caminar por fe, pero también con razón, esperar la lluvia en tu vida, pero también llevar el paraguas. recuerda que estoy escribiendo no para enseñarte una lección, sino que para darte entender que tú tienes mucho que dar, así como yo te puedo enseñar a ti, tú me puedes enseñar a mí, así como yo sé más que tú, así tú sabes más que yo. Vamos, si puedes, la fe y el paraguas a la vez. ¡Hombres de poca fe, ¿porque han vacilado? Mt 14:31:

❖ **Donde haya error, que lleve yo la verdad.**

Llevar la verdad donde está el error, o la confusión. Es algo de valientes, es algo de que tú tienes que levantarte a llevar esa verdad. Tienes que estar seguro, o segura de que sea lo correcto y te aseguro que cuando digas la verdad se te van a levantar contra ti y se van a ir en contra tuya. Porque nadie apoya la verdad. Muy pocos apoyan la verdad, pero muchos apoyan el error, o la confusión, o la división. Muchos apoyan lo incorrecto de la vida; pero como tú has decidido ir por la verdad y nada más que la verdad. Prepárate porque tendrás muchos amigos, como también muchos enemigos y eso es bueno, porque te harán crecer en la vida y te harán aprender cosas extraordinarias. Si es que estás dispuesto, o dispuesta a aceptarlo. La verdad es algo que ahora en día, se ha escapado de las familias; parece que las familias, o los matrimonios, los hijos se han divorciado de esta virtud, se han divorciado de la honestidad y de la verdad. La verdad ya no hay lugar en las familias. Pero yo sé que en tu corazón si hay lugar. Después de ver esta historieta, verás que hay verdad en lo más mínimo y lo más sencillo de los cuentos.

Verdad.

En cierta ocasión. Un hombre inteligente quería buscar la verdad y encontrarla por supuesto. Un día de esos llegó a un lugar muy diferente que los demás; en ese lugar ardían unas innumerables velas de aceite, estas velas estaban siendo cuidadas por un anciano muy anciano. Que cuando se quedó viendo a este individuo y la curiosidad que este hombre tenía, se detiene el hombre y le dice, o este individuo le dice. "estoy buscando la verdad ¿será éste el lugar correcto para buscar la verdad aquí"? él se acercó y le dirige la pregunta ¿"qué significan esas palabras"? respondió que cada candela prendida reflejaba la vida de cada persona en esta tierra, a medida que se va consumiendo el poco de aceite que tiene muy pocos días le quedan de vida en esta tierra. Este individuo con la curiosidad le pregunta al anciano ¿"serías tan amable de mostrarme mi vela"? Al descubrir que la llama de su vela estaba ya a punto de desaparecer, aprovechó un momento de distracción del anciano y con ganas de mover una vela y ponerla en el lugar de la suya para que la llama fuera más grande. Cuando llegó el momento de poder alcanzar la vela, su mano se detuvo por la del anciano que se dirige a él y le dice; "pensé qué buscabas la verdad a veces cuando estás buscando la verdad y crees que la has encontrado te resulta un poco difícil asumirla y terminas negándola; ante engaños, mentiras, traiciones, infidelidades, homosexualismo, pecado creencias incorrectas etcétera.

Vas buscando la verdad para confirmar tus pensamientos, o tus inquietudes. Cuando la encuentras té sientes completamente débil para enfrentarla. ya que la mayoría del tiempo, o la mayoría de veces la verdad es dolorosa, que a veces nos sentimos morir al enfrentarla y decides negarla, o tomas la parte que más te conviene, y escoges la que más te perjudica y te lastima. te sientes perjudicado @ al descubrir que has encontrado la verdad, la verdad es difícil y dolorosa pero más difícil y doloroso el vivir con la mentira y el engaño".

Moraleja

En esta pequeña historieta. Nos damos cuenta que tenemos temor de enfrentar la vida mayormente enfrentar la verdad. Todos deseamos encontrar la verdad. Tal vez tú has sido uno de esos que has querido encontrar la verdad, o alguien que te diga la verdad; y cuando lo has encontrado o la has encontrado te duele, te lástima, porque esa verdad ha sido en contra de la forma que tú no esperabas encontrarla. Ahora te sientes adolorido, o adolorida, por haber encontrado la verdad y hayas dicho, "mejor hubiera sido correcto no haberla encontrado; mejor hubiera seguido así a ciegas y no encontrar la verdad". Cómo ves, el hombre está muy ansioso de encontrar la verdad, pero cuando la encuentra y ve que su candela se está apagando trata de aprovecharse del descuido del anciano y agarra la candela, o la vela que está al otro lado, o a la par de la de él, para poder ponerla en el lugar donde está la de él. Porque no aceptaba que ya la vida se le estaba terminando, no aceptaba que ya la luz de esta tierra ya estaba desapareciendo ante sus ojos; cuando encuentra la verdad siente que ya es demasiado tarde y quiere sustituirla con el engaño, con la mentira. Quiere sustituirla con algo fácil, con algo que no vale la pena, pero según él sí vale la pena. Hay personas que están viviendo una vida inhumana y sabiendo que no es correcto, la están viviendo. Tan teniendo una relación prematrimonial, o fuera de control, o fuera de lo normal y piensan que es correcto, pero dentro de su corazón, su conciencia está reclamando que no es correcto lo que están haciendo. más sin embargo ellos lo están haciendo. Un ejemplo. Muy fácil es, el que está fumando, afuera de la cajetilla de cigarro dice; decreto 90 97 el consumo de este producto es dañino para la salud del consumidor. Cuando lo están leyendo aunque saben que es dañino para los que lo están consumiendo lo siguen consumiendo. Porque les gusta, sabiendo la verdad que está escrita en la caja de cigarrillos, siguen fumando y se están robando años de vida, sabiendo la verdad. Como no quieren aceptar la verdad, se van contra la verdad y se van hacia el engaño. Que es el sentir el sabor del cigarrillo, o cómo es que se siente al fumar un cigarrillo. Mi querido y querida vamos a llevar la verdad, y cuando enfrentes la verdad detente, por qué esa verdad te va a doler por ahora; pero vas a encontrar un camino que te lleve a la verdad perfecta

❖ **Donde haya desesperación, que lleve yo la alegría.**

El hombre feliz la camisa.

Por los años pasados; había un rey que tenía una riqueza tan inmensa y era poderoso, como la riqueza era mucha. La tristeza que él tenía era inmensa y no era feliz. Él dirigió estas palabras a su reino y les dijo. "les daré la mitad de mi reino a quien me ayude a sanar la tristeza y la angustia que hay en mí, y en mis noches". Tal vez más interesados en la riqueza en que lo que podían conseguir para la salud del rey, o del monarca. Entonces todos los sabios de la corte y filósofos y los eruditos decidieron ponerse a buscar, y no detenerse hasta encontrar la solución, o la cura para el monarca.

Desde un lugar a otro de la tierra, mandaron a llamar a los sabios, a los magos y a los eruditos para ver si podían encontrar lo que el rey necesitaba y lo que él estaba buscando. Pero la gran búsqueda al final fue un fracaso, todo fue en vano, nadie tenía idea cómo curar al rey. Un día finalmente apareció entre la gente un viejo sabio qué les dirige la palabra y les dice. "si encuentran en el reino una persona completamente satisfecha y feliz, entonces podrán curar al rey". El sabio sigue diciendo "tiene que ser un hombre que se sienta completamente bendecido y lleno de vitalidad y de salud para curar al rey, que absolutamente nada le falte y que tenga acceso a todo lo que quiere; cuando lo encuentren en esta gran multitud" siguió el sabio diciendo; "díganle que les dé su camisa, y tráiganla inmediatamente al palacio. Después de haber llevado la camisa aconséjenle al rey que duerma una noche con esa prenda, les garantizo que cuando amanezca el otro día, despertara sano de su enfermedad".

Los sabios se reunieron nuevamente y se pusieron de acuerdo; e iniciaron la búsqueda de éste tal hombre, aunque ya tenían el conocimiento que la tarea no era nada fácil. En efecto, la persona que era rica, estaba enferma, el que gozaba de una excelente salud era pobre, aquel rico y sano se quejaba todo el tiempo de sus hijos y de su esposa. Todos los que fueron entrevistados reflejaban algo qué les hacía falta; para ser perfectamente felices y nunca se ponían de acuerdo con ellos mismos, a lo que querían. Querían algo pero no sabían qué era lo que querían. Una tarde, un mensaje llegó por medio de una persona al palacio; habían encontrado a la persona interesantemente buscada por todo el lugar.

Era nada más ni nada menos que un humilde campesino, que vivía en una zona más pobre del reino. Cuando le informaron al rey del mentado hallazgo inmediatamente el rey, se llenó de alegría, mandó que le trajeran la prenda, es decir la camisa de aquel personaje. Debían de darle al campesino por paga de la camisa, cualquier cosa que él quisiera del reino. Entonces los enviados se presentaron a toda prisa a la casa de aquella persona, para hacer trato por la camisa, y por supuesto si era necesario, se decían, se la vamos arrebatar, sino nos quiere dar la camisa. El rey tardó mucho tiempo en sanar su angustiosa tristeza. Y la enfermedad se agravó cuando se dio cuenta que el hombre más feliz del reino era tan, pobre y podría decirse que era el único, totalmente satisfecho en la vida. Era tan pobre tan pobre que no tenía ni siquiera un pantalón y una camisa para vestir. Cuando el rey se da cuenta que el hombre más feliz, sobre la faz de la tierra en su reino, no tenía ropa para vestir y eso lo enferma más a él.

Moraleja.

Querido lector, esto puede ser otro cuentito más, pero muy poderoso. Tal vez te ha pasado alguna vez como este monarca, que buscabas la felicidad y cuando te das cuenta que el hombre más feliz de tu reino es tan pobre, que no tiene ni una camisa para ponerse. A veces nos confundimos pensamos que la gente que viste bien, que tiene un automóvil último modelo, que tiene una casota. Es la persona más feliz, pero cuando indagamos a profundidad nos damos cuenta, que es la persona más infeliz que existe. Porque no son capaces de vencerse ellos mismos, no son capaces de ser feliz con lo que tienen, entre más tienen más quieren, entre más ganan más quieren ganar, entre más posesiones tienen más quieren. Definitivamente no son felices, porque según ellos les hacen falta algo y Cuando obtengan ese algo entonces serán felices. mientras tanto no son felices y te apuesto que cuando encuentran ese algo, tampoco son felices, porque cuando encuentran ese algo aparece otro algo que quieren, y dicen, cuando encuentre ese algo, o ese alguien voy a ser feliz.

Pero cuando encuentran ese algo, o ese alguien ya ha aparecido otro algo, u otro alguien. Así van sucesivamente en la vida buscando, buscando, buscando. Buscar es bueno, nuestro maestro, o mi maestro Jesús lo recomienda, el que busca halla, pero debes de buscar en el lugar correcto; buscar en el lugar indicado. Porque decir, solamente donde haya desesperación que llevé yo la alegría es fácil. Pero ya ponerlo en la vida diaria, ahí si a veces cuesta un ojo de la cara, a veces cuesta el carácter, la humildad, la decisión etcétera.

¿Porque motivos estamos nosotros en este momento viendo al monarca? ¿El rey al hombre feliz y la camisa? por la sencilla razón que hay una enseñanza para ti. Hables el idioma que hables, el dialecto que hables, vivas donde vivas te garantizo que, si no amas lo que tienes y no aprecias lo que tienes, entonces no estarás dispuesto, o puesta a recibir lo que la vida tiene preparada para ti. Repito, vamos a dar alegría y felicidad, vamos a dar confianza a aquellas personas que lo merece, aunque no lo merecen vamos a proporcionárselos. Te recomiendo que pongas mucha atención a lo que estás leyendo, porque este monarca puedes ser tú. Este rey puedes ser tú y no te has dado cuenta. Vamos, hay que llevar la alegría dónde está la desesperación, y la confusión. Donde hay amargura hay que ser parte de la alegría, no parte de la amargura. Te reto en este momento a que te arriesgues por lo bueno. Y que lleves la verdad, que es la alegría.

❖ **Donde haya tinieblas, que lleve yo la luz.**

El Rey y sus tres hijas.

En una ocasión había un Rey con tres hijas, el Rey estaba a punto de morir, y les dijo a las tres hijas, que lastimosamente no podía dejarle herencia a las tres. El rey dijo, "voy a escoger a la cual se quedara con la fortuna. Pero primero necesito que las tres se pongan a trabajar, y cada una de ustedes que encuentre, o traiga algo que pueda llenar esta habitación esa se quedara con mi fortuna".

Inmediatamente las tres hijas, se pusieron a trabajar. Una se fue para el pueblo cercano, para ver que podía encontrar para llenar toda la habitación donde se encontraba el monarca. Y la otra se fue a una granja para ver si había algo allí, para ver si podía quedarse ella con la fortuna del papá. Y la tercera no se fue a ningún lugar, es más, ni se preocupó de buscar algo, para ver si podía quedarse, u obtener la fortuna del papá. Volvió la que se había ido al pueblo, y compró mucho algodón para poder llenar el lugar donde se encontraba el monarca.

Después de a ver echado, o metido todo el algodón en el cuarto. El monarca se dio cuenta que todavía quedaba lugar que no se había llenado. Y luego regresó la segunda con una cantidad de plumas, para llenar el lugar, y luego quedarse con la fortuna del padre. Pero después de a ver echado todas las plumas, el monarca se dio cuenta que todavía no estaba lleno como se esperaba. El monarca preguntó "adonde esta mi otra hija, es más ya está oscureciendo y no ha venido con el pedido". Le dijeron "ella está en la casa". Y fueron inmediatamente a llamarla, y en mediato se hizo presente. Pero ella no llevaba nada, lo único que llevaba era una candela. "Bueno", le dice el padre, "ya mis dos hijas me han traído lo que les pedí y qué tienes para mi" "Bueno", dice la tercera hija, "yo lo único que tengo es esta candela". Y en ese momento como era de esperarse, prendió la candela. Y el monarca se quedó sorprendido, porque no quedaba ni un solo lugar, que estuviera lleno, todo el lugar estaba completamente lleno. Y le Rey dice, la ganadora es la última, por a ver sido inteligente, de llenar todo el lugar donde yo estoy, y por consiguiente mi fortuna es para ti.

❖ **Oh, maestro, haced que yo no busque tanto ser consolado, sino consolar.**

Solo recuerda, que antes de consolar asegúrate que tu estés consolado(a), primeramente que todo. Porque lo más importante aquí es que, lo que tú tengas para dar sea limpio puro y sano. Que cuando te escuchen, o te miren, o cuando escuchen algo acerca de ti. Diga Wow, como ha cambiado este(a), si es una gran persona, que se puede confiar en ella. Y lo harán cuando se den cuenta que tú no estás usando máscaras, y eres una persona autentica. Que la autenticidad la reflejas en el rostro. Vamos, querido(a), consuela a todos los que tú puedas, y que veas en tu camino, especialmente los tuyos, los seres más queridos. Y cuando lo hagas con ellos, ellos también lo harán con los demás. Y a los que le escuchen a los tuyos, les escucharan a los demás, y los demás los comunicaran. Y así sucesivamente el mundo cambiara, gracias a tu esfuerzo y tu decisión.

❖ **Oh, maestro, haced que yo no busque tanto ser comprendido, sino comprender.**

Como veras en estos tiempos, como por muchos años, y me atrevo a decirlo. Que todo el tiempo el ser humano, ha venido con la necesidad que los demás lo entiendan, o lo comprendan etc. porque están la necesidad de que quieran tener la aprobación de los demás, esperan que los demás los aprueben, o los comprendan. Déjame hacerte esta pregunta. Cómo eres tú ¿eres de las personas, que quieren que los demás los aprueben o de los que primero comprende para ser comprendido? Si respondes a esta pregunta afirmativamente. Bueno te felicito, primero por ver tu realidad.

Y segundo, por darte cuenta que hay algo de ti que cambiar. Pero si dices no. Sin importar raza, ni color, o religión. Yo los comprendo porque todos somos iguales. Bueno, quiero también felicitar tu valentía, si eso es afirmativo. Quiero decirte también que eso de verdad tiene muy poco. No te confíes mucho de tu verdad. Porque hay verdad que no es tan verdad que se diga. El agua limpia, no siempre está limpia, no ha de faltar algún animalito, o gérmenes, o arena, así que mucho cuidado.

Lo que te quiero decir es que, sigas la voz de tu consciencia o la voz de tu creador. Vamos; levántate tú tienes mucho que dar, y los demás te necesitan amigo(a) no Dios. Dios no te necesita, son los demás los que te necesitan, es decir, los que están a tu alrededor. Desde hoy hace un pacto contigo mismo, y dite esta palabra, no espero que me comprendan, sino que yo comprenderé. Y repite contigo en silencio en tu casa, en la escuela, en el trabajo, en la calle, en el avión, en el auto, en el tren, en la bicicleta, en la motocicleta, en el barco etc. Donde quieras que estés, repite en silenció, es más cuando puedas decirlo en voz alta, dilo será de muy provecho para ti; repite yo comprendo a mi conyugue y yo comprendo a mis padres.

Yo comprendo a mis hijos. Yo comprendo a mi familia. Yo comprendo a mi jefe. Yo comprendo a mi gente en el trabajo, di, yo comprendo a mis compañeros de trabajo. Yo comprendo a mis clientes. Yo comprendo a mis empleados. En la calle, di, yo comprendo a la gente que tengan mis ojos. En tu auto di. Yo comprendo a todos los choferes, porque de alguna manera como yo también ellos van de prisa. Yo comprendo a esa persona que no sabe manejar, que le vale un cuerno golpearme y lastimar a mi familia, yo le envió mi amor y mi comprensión. Y en la escuela puedes decir. Yo comprendo a mis compañeros aunque no me comprendan, que siempre me ven diferente, a ellos y ellos tienen razón, porque yo soy diferente, les mando mi amor y mi comprensión. Yo comprendo a mi maestro aunque sea sangrón pero lo comprendo, le mando mi amor y mi comprensión. Y en el avión di. Yo comprendo todos mis compañeros de vuelo y las azafatas, aunque no me atienden como yo gusto, pero les envío mi amor y mi comprensión.

Y en el barco di. Wow, veo que el mar es una maravilla, antes no comprendía, bueno, aunque todavía no comprendo, pero en mi espíritu y en lo más profundo declaro que yo comprendo la naturaleza, y comprendo la tribulación porque hay un propósito por la cual yo estoy aquí. Y en lo de más donde quiera que estés, prontamente ve repitiendo contigo mismo, aunque no entiendas porque lo estás haciendo, solo hazlo y veras que te convertirás en una mujer, o en un hombre muy comprensivo, que tu naturaleza por fin se hace presente.

❖ **Oh, maestro, haced que yo no busque tanto ser amado, sino amar.**

Como lo vez. Nosotros somos todo lo que se piensa. Sabes somos como 7, 214, 958,996 personas en el mundo. Realmente podía decir que cada una de esas personas es como estrellas, o estrellitas luminosas. Algunas ya ni alumbran ya, pero siguen siendo estrellas. Pero esas estrellas tienen un solo origen. Vienen de una sola fuente. Al final esas estrellas son una sola. Los humanos somos así, o parecidos. Entonces somos uno, nos movemos en un solo espíritu. No hay muchos espíritus, solo hay uno, somos de una sola fuente.

Recuerda que todos somos iguales, pero diferentes. Lo que cuenta es la diferencia de cada uno. Pero todos somos uno. Bueno, te preguntas ¿Por qué nos dice eso? Ah porque lo que leerás a continuación; se sincronizara con lo he mencionado, anteriormente. Que no busque tanto ser amado, sino amar. Busca primero el amar a la otra persona sin importar quien fuere, o de qué color, o país, o Raza es etc. porque somos uno, ¿pero tengo que ir por la vida gritándole a todo el mundo que los amo? Claro que no. Para amar a una persona no necesariamente tienes que estar con ella para mostrarle tu amor. Aquí te va lo que recién mencioné que somos uno. Por lo tanto ama cuando estés en silencio, cuando estés solo(a) empieza a enviarle pensamientos de amor y cariño a todo el mundo, incluso a tus enemigos. Y como somos uno veras que esa conexión se hará en ese instante, y las puertas de la reconciliación empezaran a abrirse.

La biblia dice que todo lo oculto salera a la luz Lucas 8:17. Envíales amor, es decir, pensamientos de amor, y de cariño a todo tu ambiente, a la escuela, trabajo, familia, enemigos, amigos, empresa y veras los resultados. Vivirás para contarlo, te doy mi palabra de honor que será así, si sigues los pasos que vas leyendo. "VAMOS TU PUEDES".

❖ **Porque es dando que se Recibe.**

Veras en este punto. Como leíste donde me enfoqué a cerca del dar. Pero aquí te lo quiero Recordar, o mejor dicho, compartirte un punto que no toqué hace un momento. Si tú te has enfocado mucho en ti, para lograr tus sueños y no los has logrado. Echa un vistazo, que es lo que estás haciendo mal, tal vez no mal, pero no estás haciendo lo correcto para llegar a tu meta. Porque es dando como se recibe. Déjame te trasmito lo siguiente atreves de estas líneas. Si lo hicieras diferente, cambiarían las cosas. Por ejemplo: ayuda a una persona para que alcance sus sueños, o lo que más le gustaría hacer. Tan solo una persona a la vez. Y alcanzaras el tuyo. Porque es dando como se recibe. Da y recibirás una medida rebosante y apretada.

❖ **Perdonando que se es perdonado.**

Aunque los demás te hayan ofendido ve y perdónalos, porque hay más alegría en dar que en recibir. Acuérdate que al maestro le hicieron lo mismo. Él dijo perdónalos porque no saben lo que hacen Lucas: 34. Te hago la pregunta ¿tú crees que ellos no sabían lo que hacían? Ellos no eran unos enfermos mentales, ni unos niños inocentes que no sabían qué hacer. Claro que sabían lo que estaban haciendo. Cuando Jesús les habló de esa manera. No se refirió a lo físico, o a los ojos físicos. Él se refirió a la oscuridad que había en su interior. Lo que pasó fue que la ceguera espiritual era la que reinaba. Es más, no era solo la oscuridad la que habitaba allí, sino que el que reinaba allí era el ego, el que decía yo sé más que tú, tú no sabes nada el maestro soy yo no tú.

Los que actúan de tal manera, si saben lo que hacen, lo que pasa es que no lo quieren poner en práctica, no se quieren humillar porque eso de humillarse es horrible. Pero de que lo saben, lo saben. Número uno. Posiblemente crecieron con la verdad, después se olvidaron de sus raíces. Número dos. O simple y sencillamente, han escuchado la verdad pero no les ha importado. Él o ella, solo hacen o dicen, lo que su ego le guía a hacer; porque saben que perdonando es como se es perdonado, y eso implica humillarse por eso no lo hacen.

❖ Muriendo que se resucita a la vida eterna.

Cuando morimos al mundo, mejor dicho, a lo superficial a lo invernadero, a lo incierto, a lo impuro, a nosotros según el mundo es. Entonces nosotros nos convertimos en seres vivientes súper diferentes de los demás. Cuando decides tomar el camino de lo cierto, lo verdadero, lo puro, lo real. Te conviertes en un individuo que marca en toda la extensión de la palabra la diferencia; acércate más a tu entorno de tu vida. Solo preocúpate para que los 4 metros cuadrados de tu vida, o donde te mueves, esté completamente desintoxicado. Para que el que se acerque a ti no se intoxique con el veneno que tú tienes acumulado. De vez en cuando date un tiempo para desintoxicar tu entorno. Huyendo a la montaña o a la selva, a respirar aire fresco y limpio; aire puro que tus pulmones han estado anhelando por mucho tiempo. Porque si la semilla no muere no dará frutos. Jesús afirma el mismo que el cambio es rotundamente necesario para una alma ambulante sobre la faz de la tierra y bajo el cosmos y sus alrededores. Esa pobre alma que al final de todo su sacrificio ya no le queda nada. Fíjate la próxima vez que estés enfrente de un féretro, o un muerto. Y veras que los sacrificios quedan en vano ¿en donde está todo su deseo de ganarse al mundo entero, con su teoría a donde se quedó? no estoy diciendo que no hay que luchar y echar abajo todos tus sueños, claro que no. Lo que estoy diciendo es que, aprende a ser feliz con lo que tienes, o lo que no tienes, mejor dicho, enfócate en ti y date cuenta que eres de la misma materia que los demás.

Pero eso no basta para ser feliz completamente y alcanzar el éxito. Lo que te llevara a la sima es cuando te des cuenta que dentro de ti hay un poder inmensurable, un poder invencible. Que tienes que sacarlo y mostrarles a los demás que están muertos, para que resuciten a la realidad de la verdadera vida. En la verdadera vida es incomprensible el amor, la comprensión, el cariño, bondad, el perdón, la luz, la energía, la fe, el espíritu, la paz, el gozo, etc. estas allí, pero no estas. Vives allí, pero no vives. Te vez allí, pero no te vez allí. Es un inmenso misterio. Solo el espíritu y tú Dios y tú. Te pierdes en sus alas, te escondes en sus plumas. Pero solo cuando te des cuenta de donde realmente eres, y del lugar de donde has venido, no te darás la oportunidad de morir para resucitar.

LA ORACION MÁS PODEROSA
DEL MUNDO.

Oh, señor, hazme un instrumento de tu paz.

Donde haya, ofensa, que lleve yo el perdón.

Donde haya, odio, que lleve yo el amor.

Donde haya, discordia, que lleve yo la unión.

Donde haya, duda, que lleve yo la fe.

Donde haya, error, que lleve yo la verdad.

Donde haya, desesperación, que lleve yo la alegría.

Donde haya, tinieblas, que lleve yo la luz.

Oh, maestro, haced que yo no busque tanto ser consolado, sino consolar.

Oh, maestro, haced que yo no busque tanto ser comprendido, sino comprender.

Oh, maestro, haced que yo no busque tanto ser amado, sino amar.

Porque es dando que se recibe.

Perdonando que se es perdonado.

Muriendo, que se resucita a la vida eterna AMEN.

Otro libro del autor:

CAMBIA TU FORMA DE PENSAR, PARA QUE CAMBIE TU FORMA DE VIVIR.

Porque lo que siembras cosechas, Y lo que cosechas es lo que siembras.

Ventura Chiapa García

Mi propósito es que cada uno que lea esta obra se conozca así mismo. Si hay mitos, o tradiciones que en vez que su vida crezca va disminuyendo y por consiguiente no eres feliz, ahora es el momento del cambio. Qué bueno que tienes este libro en tus manos. Te prometo, que te cambiará la vida, de una manera inexplicable, te doy mi palabra de honor. Te felicito porque has hecho la mejor elección, obteniendo este libro. Ya aquí tú comprenderás que con Dios uno es, porque él lo quiso así. ¿Lo sabías? Te darás cuenta que por mucho tiempo, solo has venido repitiendo dichos, viviendo un segundo, y no eres original. Es el momento de hacer el cambio y empezar a ser creativo(a) con esta obra maestra en tus manos tu vida cambiará y será como la que tu deseabas. ¿Por qué yo hablo de estas preguntas? Porque son las preguntas que yo me he venido haciendo, por mucho tiempo y gracias a las circunstancias les he encontrado respuesta. Y hoy las comparto contigo. Si a mí me cambiaron la vida, también lo harán contigo.